CARLO ACUTIS

EDICIONES PALABRA
Madrid

1ª edición, marzo 2025
2ª edición, mayo 2025
3ª edición, julio 2025
4ª edición, noviembre 2025

Imagen de cubierta: Beato Carlo Acutis. Óleo sobre lienzo. © Raúl Berzosa
Diseño de cubierta: Equipo editorial
ISBN: 978-84-1368-459-8
Depósito Legal: M-7.812-2025
Printed in Spain - Impreso en España

José Lucas

CARLO ACUTIS

Un joven para la eternidad

CUARTA EDICIÓN

PALABRA HOY

*A mi familia, amigos y a todos
los que me acercan a Dios.*

*También a Carlo, amigo
y protector desde el Paraíso.*

Índice

Introducción

«¿Por qué el mediano?». Esta es la pregunta que le hace la poderosa elfa, Galadriel, a Gandalf en la película *El Hobbit, un viaje inesperado* (2012), sorprendida de que la gran misión de ayudar a recuperar la Montaña Solitaria o Erebor (la tierra de los enanos) de las garras del terrorífico dragón escupefuego, Smaug, se le haya encomendado a un *hobbit*, Bilbo.

Los *hobbits* son una raza mitológica en el mundo legendario de Tolkien de *El Señor de los anillos* con forma de hombre, bajitos, toscos, peludos, muy caseros, dados a la vida plácida de su pueblo, de trabajo, descanso y celebraciones; sin ajetreos ni grandes estridencias. Tienen fama de ser «pachones», gente afable, poco aventurera y de que no les gusta nada salir de su terruño, La Comarca.

El mismo Bilbo, ya en su vejez, definirá así a los de su raza:

Los *hobbits* deben de parecer de poca importancia, pues no gozan de fama de buenos guerreros ni se cuentan entre los más sabios. De hecho, hay quienes consideran que la única pasión de los *hobbits* es la comida. Una observación harto injusta, pues también hemos desarrollado un agudo interés por la elaboración de cerveza y el cultivo de hierba para fumar en pipa... Pero a lo que nuestros corazones realmente se inclinan es a la paz, la tranquilidad y el diligente cultivo de la tierra. Los *hobbits* comparten el amor por las cosas que crecen, y en efecto no cabe duda que para otros, nuestras costumbres resultan peculiares. Pero hoy más que nunca lo veo con absoluta claridad. No hay nada mejor.

Dada su baja estatura y su complexión, no pocas veces se dirigen a ellos como «el mediano»: de ahí la pregunta de la gran dama elfa, Galadriel. La traducción que se usó en el doblaje al italiano fue: «*Perchè il mezzuomo?*», literalmente, 'el medio hombre'.

A lo largo de la película, se descubre que un mal creciente y antiguo está renaciendo y cobrando fuerza en lo oculto del bosque, dando así comienzo a toda la saga de películas *El Hobbit* y *El Señor de los anillos,* el salto a la gran pantalla del mundo fantástico de Tolkien, donde expresa mediante magníficas alegorías y toda una mitología propia la denodada batalla que se libra entre el bien y el mal en nuestro mismo mundo y en el corazón de cada hombre.

Yo, desde luego, no soy ningún experto ni ningún friki de toda la saga, simplemente la aprecio. Y alguno se preguntará qué tiene que ver este comienzo con la biografía de un santo de quince años... el lector tendrá que ser paciente.

Esta batalla a brazo partido que recorre toda la saga entre el bien y el mal encuentra en esta conversación descrita al comienzo una explicación de la postura de cada «bando». «¿Por qué el mediano?», es decir, por qué mandar a la guerra a este «medio hombre», ajeno al mundo de la lucha, que ni siquiera él mismo se fía de sí. Cómo poner nuestra esperanza en algo tan pequeño, en tan poca cosa. «¿Por qué el mediano, el *mezzuomo*?».

Gandalf, el gran mago que ha elegido a Bilbo Bolsón, el *hobbit*, para esta misión, tiene una respuesta que merece la pena grabarse a fuego:

> Saruman [de los cinco magos, el más poderoso, hombre pragmático, cuya vida terminó frustrada, alineándose con el mal] cree que solo un gran poder puede contener el mal, pero eso no es lo que yo he llegado a ver. Lo que yo he visto es que son los pequeños detalles cotidianos de la gente común los que mantienen el mal a raya..., pequeños actos de bondad y de amor. ¿Por qué Bilbo Bolsón? Tal vez porque tengo miedo... y él me infunde coraje.

Seguramente el ávido lector ya sabrá por dónde voy. Esta es quizá la pregunta que muchos nos hacemos cuando vemos a un chaval italiano de quince años, medio despeinado, nacido a finales del siglo pasado. ¿Por qué un adolescente? ¿Por qué Carlo? ¿Qué tiene Carlo, este medio hombre que no llegaba ni a los dieciséis, que ha sido capaz de sacar el mal de tantos corazones, de convertir tantas almas, de conmover a tantos jóvenes y no tan jóvenes? Entendemos la pasión por un san Francisco de Asís, un Francisco Javier, pero, ¿un santo que está enterrado con vaqueros? ¿Por qué este mediano?

A través de esta biografía queremos responder a esa pregunta. Qué hace especial a un chaval tan normal. Así lo ha descrito el que fue su párroco en Santa Maria Segreta de Milán, Monseñor Pomma, y así lo ha dicho su madre, la señora Antonia Salzano, en no pocas ocasiones: «Era un chico totalmente normal con una armonía especial».

Es quizá esto lo que atrae a medio mundo. A veces, incluso, hasta convertirlo en un fenómeno de masas. Pero vamos a alejarnos de ese fenómeno de masas, del tópico de Carlo con un ordenador bajo el brazo o un joven Acutis con cara de angelito, para acercarnos al hombre, al «medio hombre». Vamos a quitar los prejuicios del (perdónenme la expresión) «niño santurrón», para acercarnos al joven que llegó a santo.

Hablar de una persona no es hablar en términos matemáticos. No somos un elemento de la tabla periódica. No somos un objeto descriptible a simple vista: pelo rubio, alto, de «buena percha», risueño. Eso apenas nos acerca a media humanidad y seguiríamos sin saber nada de esa persona.

Podemos añadir actitudes que le definan: hablador, generoso, atento, un poco payaso... Seguiríamos teniendo una descripción parecida a un documental de aves. Cuando realmente queremos conocer a una persona, ¿qué querríamos hacer con ella? No leeríamos su ficha médica, su informe del dentista, las actas de la junta de evaluación de la escuela. No. Lo mejor sería irnos a tomarnos una cerveza con esa persona (Carlo tenía quince años, cambiémoslo por un refresco). Pasar tiempo. Hablar.

El refranero español lo tiene claro: «En la mesa y en el juego, se conoce al caballero». No nos engañemos. Conocer a una persona exige haberse sentado a la mesa con él, jugar con él. Es en el juego donde uno conoce lo que le hace reír, lo que le mosquea, lo que le hace saltar. De hecho, las relaciones de los que verdaderamente se conocen y se quieren están entretejidas con anécdotas insustanciales que son las que, sin embargo, unen. Basta ver cuando dos amigos se reencuentran después de mucho tiempo cuáles son las anécdotas que ocupan la conversación. O, si me admiten el giro dramático, un funeral: ¿qué ocurre? Enseguida lo que brotan son las historietas más tontas y absurdas que hemos vivido

15

con la persona que despedimos y que en ese momento nos vienen a la mente.

De hecho, no conozco a nadie que sepa decir el peso y la altura exactos de tres personas a las que quiera con locura, pero sabe perfectamente, cuando le ve hacer una mueca, si alguien ha dicho algo que le ha molestado, le ha ofendido o le ha hecho recordar cualquier cosa.

Con Carlo Acutis queremos movernos en este fino equilibrio: desmitificar al personaje, humanizar al santo y reverenciar al hombre por lo que Dios ha hecho en él. Queremos en estas páginas que el lector pueda encontrarse con la persona de Carlo y dejarse cautivar por él.

Los hay que tienen prejuicios sobre él, porque quizá no soportan los fenómenos de masas. Los hay que se quieren aprovechar precisamente de este fenómeno. Nosotros no queremos nada de eso. Solo queremos mostrar al hombre y que, conquistando nuestro corazón, le podamos conocer mejor. No negaré que incluso yo mismo he quedado sorprendido cuando he visto todas las iniciativas que surgen en torno a Carlo: y solo por cómo es el ser humano y por probabilidad, ni todas son buenas ni todas surgen de una buena intención.

Los hay que se vuelven fanáticos del personaje. Tampoco esta es una correcta devoción. No somos *hooligans* como si de un equipo de fútbol se tratara.

La devoción no es ser un hincha del santo, la comunión en la Iglesia no es corporativismo, la fe y la evangelización no es proselitismo. Si queremos acercarnos correctamente ahora a Carlo, luego a otros santos u obras de fe, no podemos acercarnos ni con el hacha ni con la bandera levantada, sino como quien se sienta a dialogar con un amigo (tampoco estoy haciendo apología de la ingenuidad, pido benevolencia al lector).

El buen lector se habrá fijado en que no hay quien me entienda. Quiero moverme entre dos extremos y no sé si lo conseguiré, solo podrá juzgarse al terminar las páginas. Además, nos enfrentamos a un personaje harto difícil a la hora de escribir su vida, que, siendo sinceros, no daría para más de un folleto: vivió quince años como un chaval normal, propio de su ambiente, con alguna particularidad para quien lo conocía, muy especial, con algo llamativo, pero ya. No escribió grandes tratados, no evangelizó las Indias, no tiene grandes anécdotas como los poderosos de este mundo... Sin embargo, por otra parte, podríamos rellenar volúmenes enteros si nos fijamos en los detalles de su vida, si queremos vibrar con lo que vibró, amar lo que amó, detestar lo que detestó. Porque toda persona tiene algo de infinito y hablar, entonces, de cualquier persona es lanzarnos a un abismo.

Estos son, pues, los dos extremos. La de una biografía infantil, sin sustancia, o la biografía de un *hooligan* exaltado. Nos moveremos en las relaciones con las que creció su corazón, las ocupaciones con las que se ocupó, aquello en lo que quería perder, ocupar e invertir el tiempo. Con todo, perdóneme el lector por adelantado, pero no creo que pueda evitar descubrirse que es mucho el cariño que tengo a este «mediano», a este santo de la puerta de al lado.

Y es que, en fin: no hay mayor fuente de conocimiento que el amor. Por ello, si realmente quieres conocer a la persona de la que aquí vamos a hablar, mi humilde recomendación es que primero debes quererla. Quererla te llevará a querer conocerla más, y conocerla, a amarla más. Así sucesivamente. De esta forma, acercarse a un santo, a la lectura de una biografía, no será como acercarse a un libro de matemáticas o a un documental de fauna y flora que ponemos en la televisión para echarnos la siesta, sino que haremos de la lectura una experiencia, un encuentro. Un encuentro, no con un qué, sino con un quién.

Porque esto es lo que tiene acercarnos a una persona. Solo la persona puede tener «vivencia». Y no uso en vano esta palabra, porque es relativamente frecuente en el castellano. Su introducción en la lengua se la debemos al filósofo José Ortega y Gasset, que propuso este término para traducir el alemán «*erlebnis*» (no tengo ni idea de alemán, por si alguien se lo pregunta). Ortega buscaba un concepto que nos permitiera hablar de los contenidos de la vida, aquello que «da vidilla a la vida», todas las cosas que vivimos y pasan a formar parte de nosotros, que son más que una acumulación de experiencias, que están conectadas con la propia vida. Pues bien, este párrafo filosófico es precisamente para entender que solo la persona puede tener propiamente una «vivencia», una vida con contenido. Contenido, por otra parte, que no puede no ir ligado al encuentro con los demás.

De este modo, queremos que esta biografía sea una vivencia, es decir, un encuentro con una persona que pueda aportar contenido a tu vida. Que el contenido de la vida de este pequeño santo, de este «mediano», su vivencia, sea motivo para dar sentido a tu vida, para aportarte una verdadera vivencia.

Por ello, si dependemos de esta relación con los demás, se entiende que la tradición cristiana sea unánime al afirmar que no hay mayor conocimiento que el amor, porque no hay mayor vínculo unitivo que el amor. Hay una dimensión de aquello que se ama que solo se conoce precisamente si se ama; es más, que, dejando de amar, es como si «nos perdiéramos algo». El ser humano está hecho para eso: para amar y ser amado. Precisamente por eso, hay puntos de la existencia que solo logramos penetrar desde el amor.

1. Origen

«Lo que el árbol tiene de florido, vive de lo que tiene de sepultado», afirmó muchas veces el papa Francisco citando a un poeta argentino, Francisco Luis Bernárdez. La copa de un árbol, magnífica, frondosa, no podría sostenerse si no tuviera unas buenas raíces que lo anclaran en el suelo y nutrieran el basto tronco que es necesario para soportar un profundo ramaje. Sin embargo, aunque alcanzamos a ver la majestuosidad del árbol, no nos hacemos a la idea del tamaño de las raíces que permanecen ocultas.

Pues para no empezar la casa por el tejado, vamos con las raíces, los cimientos de Carlo. Este santo adolescente no nació con una aureola puesta. Colaboró con la gracia y quiso hacer de Jesús su proyecto de vida, que, aunque corta, pudo morir diciendo que «moría feliz porque no había malgastado ni un minuto de su vida en cosas que no gustaban a Dios».

Antonia Salzano, que ha pasado a todos los medios como *signora* Antonia por el «doña» italiano (que en respeto merece), es más conocida porque es la cara visible de la familia. Pensemos que en esta época actual, tan global, tener un hijo santo y tan conocido como Carlo ha obligado a la familia a cuidar con celo su privacidad. Será sobre todo ella quien hable ante las cámaras, pronuncie conferencias y charlas y se presente en las entrevistas.

Antonia nació en Roma el 23 de noviembre de 1966. Fue bautizada el mismo día que nació por peligro de muerte. No creció en un ambiente de fe. No era uno hostil, simplemente no era de fe. Hija única, su padre era editor de profesión, lo que permitió a doña Antonia permanecer cerca del mundo de la cultura, aunque la cuestión de la fe era simplemente como si no existiera. El abuelo de Carlo, diríamos hoy, era agnóstico, un buen hombre, pero ajeno a la vida cristiana. Falleció repentinamente de un infarto a los cincuenta y siete años, en 1995, cuando Carlo tenía 4 años.

Con todo, la *signora* se educó en colegios católicos porque, como ella misma reconoce, en la zona por la que vivía (en el centro de Roma, cercana a Piazza Venezia) solo había colegios católicos. Esto mismo le permitió confirmarse, porque «total, en la escuela se hacía y ya». Antes había hecho la comunión por pura tradición también.

Antonia reconoce que, para ella, su hijo Carlo, ha sido su «pequeño salvador» (el mundo está en manos de los medianos...). Era el testimonio de la fe de Carlo, su inquietud y sus preguntas lo que hacía que algo dentro de ella se removiera. El toque final para que cayera del caballo fue el encuentro con un sacerdote que leyó su conciencia en confesión y le profetizó (a lo que ella en su momento no le dio más importancia) que Carlo tendría una misión importante en la Iglesia y le invitó a que estudiara teología para no ser tan «ignorante» en la fe. Esto saldrá más adelante.

Su padre, Andrea Acutis, nació el 6 de febrero de 1964 en una familia turinense acomodada. Su familia sí era católica e iban a Misa los domingos, aunque como dirá su esposa en una entrevista: «No le vi ir a Misa ningún domingo si no estaban sus padres». Su padre, Carlo Acutis (1938), estuvo siempre relacionado con el mundo de la empresa y el comercio. Miembro desde 1967 del Consejo de Administración de Vittoria Assicurazioni, su hijo Andrea siguió sus pasos y estudió Ciencias Económicas en Ginebra. Trabajó en Londres (donde pillará el nacimiento de Carlo, nuestro protagonista). Andrea es menos dado a las cámaras, es un hombre sencillo, de buen hacer, profundamente creyente, bondadoso y discreto. También él se ha visto removido por el testimonio mismo de su hijo, abriéndose para él un camino de vida cristiana que sería impensable en 1991.

Por su parte, la historia de nuestro pequeño santo en vaqueros, breve pero intensa, comienza un 3 de mayo de 1991. Sus padres vivían en Londres por motivos de trabajo. Ya sea por cuestiones laborales o familiares, Carlo nació, ciertamente, en una familia acomodada. Es verdad que no tuvo que pasar las dificultades de la estrechez económica y pudo disfrutar de una seguridad y holgura propias de quienes tienen bienes suficientes. Sin embargo, como veremos más adelante, esto no supuso nunca un motivo de vanagloria y más bien fue un acicate que estimuló su responsabilidad y generosidad. Con todo, no nos adelantemos. Volvamos a comienzos de mayo de principios de los 90.

Aunque el parto fue largo e hizo sufrir bastante a Antonia, el embarazo sí fue más bien tranquilo, más allá de las típicas náuseas y acidez de estómago. Estaban en Londres por el trabajo de Andrea, que salía de casa hacia las siete de la mañana y regresaba a las ocho de la tarde, aunque a veces podían verse para comer. La madre, con el hijo en el seno, a pesar de que aún no había comenzado a trabajar, no paraba quieta. El día, obviamente, debía pasarlo prácticamente ella sola, así que además de las tareas domésticas habituales, encontró un grupo de madres en la urbanización con las que hizo buena amistad y pudo hacer visitas también a la ciudad.

Eran padres primerizos y, en concreto, su madre disponía de mucho tiempo para preparar la venida del pequeñín, sin embargo no tenía quien le aconsejara. Recuerda que se fue apañando con lo que le decían también las madres primerizas de esta urbanización y algún libro de maternidad que se leyó. Cuenta ella precisamente que estuvo buscando las ofertas y las mejores opciones calidad-precio, pero a veces con falta de criterio; de manera que cuando de hecho nació Carlo, regalaron parte de lo que habían comprado, porque se había equivocado al adquirirlo.

Comenzaron los dolores propios de dar a luz el día anterior a las cinco de la tarde y no fue hasta la mañana siguiente, a las once y cuarto, cuando nuestro protagonista vio la luz del mundo. Andrea y Antonia fueron al hospital Portland cuando el segundo día comenzaron las señales de parto inminente.

Es posible escuchar a la señora Antonia Salzano hablar maravillas de este hospital por el buen trato que tuvo. Sin duda, fue una «providencia», reconoce. Ciertamente, es un prestigioso hospital de maternidad «para mujeres y niños» (como reza su nombre completo: «Portland Hospital for Women and Children»). En este hospital han nacido varios miembros de la realeza: apenas un año antes había nacido en este mismo hospital la princesa Eugenia de York (hija de los duques de York) y, a modo de curiosidad, también nació en este hospital, en 2002, el hijo del famoso futbolista David Beckham.

El ginecólogo se vio obligado a usar fórceps, porque el bebé no estaba bien posicionado. Aún hoy, Antonia recuerda el nombre del ginecólogo que con destreza hizo salir al pequeñín que parecía que se resistía: el doctor Peter Saunders.

Tanto el pequeño Carlo como su madre que acababa de dar a luz estuvieron muy bien atendidos, también una vez dados de alta, a los dos días. En casa eran ayudados por una niñera y todas las semanas recibían la visita de una matrona, según la costumbre inglesa, para pesar, medir y controlar la salud de la criatura. Andrea Acutis debía trabajar, pero cuando llegaba a casa, atendía con mucho cariño a Carlo, y Antonia recuerda que era él quien conseguía calmarle cuando se agudizaban los típicos dolores de cólicos de bebés, ya balanceándole, ya haciéndole carantoñas.

Sus dos primeras niñeras se desvivían por Carlo, a veces dejando alguna anécdota bastante graciosa. La primera niñera era de origen escocés y quería a Carlo con locura, pero a veces sus métodos eran excesivos. Sus padres tuvieron que pedirle que dejara la costumbre de mojar el chupete en un típico jarabe infantil inglés que debía de contener una mínima parte de alcohol, cosa que ella hacía porque así «los niños duermen mejor». Pero es que, además de ser excesivo, ¡dejaba al pobre niño aliento a borracho!, recuerdan los padres entre risas. Esta misma niñera, un día, haciendo dormir a Carlo, se quedó dormida ella también con el bebé, de una manera de lo más maternal... con la mala suerte de que no le dio tiempo a llevar a la cocina una barra de chocolate que acostumbraba a comer, derritiéndose y pringándolo todo. Cuando los padres llegaron, recuerdan que aquello parecía una masacre.

La segunda niñera, inglesa, era más graciosa todavía, porque gozaba de unos estupendos prejuicios contra Italia y los italianos, lo que hacía reír a Andrea y Antonia, que ya estaban acostumbrados a cierto cachondeo de los ingleses hacia su tierra. Esta niñera debía de creer que Italia era una especie de país subdesarrollado, hasta el punto de que, cuando en septiembre de 1991 volvieron de nuevo a Milán y ella estuvo con ellos durante casi un año más, no quería beber agua del grifo. Les consideraba, dice la señora Antonia, el país de «los espaguetis, la pizza y las serenatas».

Sin embargo, sigamos con los primerísimos pasos de Carlo, porque el del hospital no es el nacimiento más importante de todos. Carlo hablará así más adelante del acontecimiento más significativo de su vida, aunque él no lo recordaba, porque apenas tenía quince días de vida: «Permite a las almas salvarse gracias a la readmisión a la vida divina. Las personas no se dan cuenta de lo infinito que es este don. Y a veces da la sensación de que más allá de la fiesta, la comida y el vestido blanco, no se preocupan en lo más mínimo de comprender el sentido de este gran don de Dios para la humanidad».

Efectivamente, hablamos de su bautismo el 18 de mayo de 1991. Fue en la iglesia de la Orden de los Siervos de María de «Our Lady of Dolors», en Fulham Road (Londres, Chelsea), donde recibía Carlo Acutis el agua bautismal que le hacía hijo de Dios e hijo de la Iglesia. Le bautizó el sacerdote servita Nicholas Martin, OSM, que era el párroco por aquel entonces (este sacerdote murió joven por un cáncer y cuentan sus hermanos de comunidad que mantuvo una gran fe hasta el final, llegando a preparar él mismo su funeral cuando sabía cercana su muerte). Ya ahora, hay una placa en la pila bautismal que recuerda este gran acontecimiento, ligando para siempre esta iglesia a nuestro santo «*mezzuomo*». Conservan junto a la pila también una reliquia, una pintura y una copia de la fe de bautismo, donde aparecen como padrinos Carlo Acutis (su abuelo materno) y la abuela materna Luana.

Poco antes de morir Carlo, la noche del tres al cuatro de octubre, su madre soñó con san Francisco de Asís que le decía que su hijo sería grande en la Iglesia. Y así es, pero todo comenzó en esa pila bautismal que borró el pecado original de este pequeño niño y le concedió una dignidad que nunca nadie le podría arrebatar. Todo lo que vendrá después no podría haber sido de no haber recibido la gracia del bautismo, el mayor de los dones que nos abre las puertas del Cielo y nos permite participar del resto de sacramentos, ya como hijos de Dios, muertos al hombre viejo y renacidos en Cristo.

Es conocida la foto de su abuela materna tomándolo en brazos, como madrina de bautismo. Sus padres no eran especialmente practicantes. Su madre dice que se acercó a la fe gracias a su hijo. Doña Antonia cuenta que había ido a Misa tres veces en su vida: primera comunión, confirmación y boda. La familia no era contraria a la fe, simplemente no la vivían. Y como hemos adelantado, cómo son las cosas, que «por culpa de Carlo», ¡su madre comenzó a estudiar teología! Las preguntas que le hacía Carlo eran muy profundas, a ella le empezó a entrar la curiosidad, lo comentó y un venerable sacerdote se lo aconsejó. Total, que efectivamente, terminó estudiando toda la carrera.

Su madre todavía recuerda el primer regalo que le hizo a su primogénito: un corderito. Animalito que estaba también en la tarta de bautismo. Lo mencionamos en estas páginas porque es ella misma quien da importancia a este gesto. El cordero, animal tan presente en los sacrificios judíos, símbolo luego de Cristo inmolado por nuestra salvación, verdadero «Cordero de Dios que quita el pecado del mundo». Había peluches de jirafas, elefantes, monos... pero sin ser quizá el que más le gustaba, fue ese el que le regaló. Carlo mismo recordó este peluche cuando yendo a su primera comunión, se les cruzó por la carretera un pastor con un corderito.

Por último, por poner algo de contexto familiar, la familia Salzano ya estaba bendecida con otros santos. Santa Caterina Volpicelli (1839-1894), fundadora de la Congregación de las Esclavas del Sagrado Corazón y santa Giulia Salzano (1846- 1929), fundadora de las Hermanas Catequistas del Sagrado Corazón de Jesús, están ambas emparentadas con la familia de Carlo. De alguna manera, esta santidad marca a la familia y Carlo no deja de estar orgulloso de tener parientes reconocidos por la Iglesia como intercesores.

2. Dios pone sastres en nuestra vida

Quién no conoce el nombre de Juan Pablo II, Papa polaco, fallecido en el 2005 y canonizado ni diez años después. Todo un titán. Pero, como bien dijo en su beatificación Benedicto XVI, no se beatifica un pontificado, sino una vida. Es decir, este gigante que es y será siempre Juan Pablo II es, sobre todo y principalmente, Karol Wojtyla. Como dice el título de la película: *Karol, el hombre que se convirtió en Papa*. Efectivamente, acercarse a Juan Pablo II es acercarse no un a un semidios, sino a un hombre, que durante casi treinta años hubo de ocupar un gran puesto de responsabilidad en la Iglesia, pero no lo olvidemos, un hombre.

Y hablar de este hombre es hablar de Karol perseguido por el nazismo y el comunismo, es hablar de Karol que trabajó en una fábrica y estudió en un seminario clandestino, del hombre que amaba el teatro y la montaña. Del Karol filósofo, sacerdote, obispo, cardenal. Sí. Y luego, por último, Papa.

CARLO ACUTIS

Pero, si te digo el nombre de Jan Tyranowski, ¿te dice algo? Seguramente no. Es un tipo desconocido. De hecho, en las biografías de Karol no suele ocupar largas páginas. Sin embargo, es gracias a este sastre de Cracovia que Karol recuperó el equilibrio después de las desgracias familiares (especialmente después de la muerte de su padre), gracias a Jan leyó a san Juan de la Cruz (de quien Karol Wojtyla haría luego su tesis doctoral), gracias a Jan, seguramente, y en palabras de un amigo de ambos, Karol llegó a sacerdote, y, por tanto, a Papa.

Este sastre de profesión ha quedado eclipsado por la gran figura de Juan Pablo II, pero Dios se sirvió de este gran cristiano para guiar a un joven que llegaría a ser sucesor de Pedro. Era laico, profundo cristiano, con un oficio sencillo como hemos dicho, de Acción Católica y encargado en su parroquia de la formación de los jóvenes (cuando dos de los sacerdotes fallecieron mártires).

Fueron muchas las conversaciones entre Tyranowski y Wojtyla, una relación de maestro y discípulo, entre hermano mayor y hermano menor, que fue tornando a una verdadera amistad. En estas conversaciones creció la madurez cristiana y vida espiritual de Karol. ¿Qué sería de la cristiandad si no se hubiera cruzado Jan en la vida de Karol? La Iglesia ha reconocido las virtudes heroicas de este laico al declararlo venerable el 21 de enero de 2017.

Toda esta introducción, ¿para qué? Porque me parece crucial resaltar este mundo de relaciones en el que Carlo también estaba inmerso y ahora veremos. Siguiendo el hilo tolkiano con el que hemos abierto estas páginas, recordemos las palabras de Merry a Frodo, es decir, las de un amigo a otro que ha de afrontar una gran prueba:

> Puede confiar en que nos mantendremos a su lado en las buenas y en las malas, hasta el amargo final. Y puede confiar en que guardaremos cualquier secreto suyo, más cerca de lo que lo guarda usted mismo. Pero no puede confiar en que le permitiremos afrontar los problemas solo y marcharse sin decir una palabra. Somos tus amigos, Frodo.

Ahora, después de leer estas palabras, pensemos: ¿quién no afrontaría las más duras batallas con una mano amiga que nos apoye de esta manera?

Esto han hecho tantos amigos, mentores y educadores en muchos santos, que siendo santos, no solo no dejaron de ser hombres, sino que son santos porque fueron hombres. La amistad de santa Clara y san Francisco de Asís, san Juan Bosco y santo Domingo Savio, san Ignacio de Loyola y san Francisco Javier. Todos con el «san» delante. Pero la Providencia no se equivoca. La vida de los santos está entretejida con la de otros personajes que no están en los altares y que solo Dios sabe si celebramos el 1 de noviembre o no. ¿Podría haber salido un san Francisco sin su madre Madonna Pica? O ese sermón anónimo del sacerdote desconocido que provocó un verdadero cambio en el sastre polaco. O ese moribundo que se cruzó en la vida de Madre Teresa de Calcuta y le revolvió las entrañas. O quien le diera la *Vida de los santos* y la *Vida de Cristo* a san Ignacio de Loyola en su postración (mientras se recuperaba de un balazo de cañón defendiendo Pamplona), gracias a cuya lectura se convirtió.

También en la vida de Carlo se cruzaron personas que fueron cruciales: a los meses del nacimiento marcharán a Milán, donde crecerá nuestro pequeño santo. Y será en esta ciudad donde sale a escena una presencia silenciosa, discreta, pero, a mi humilde parecer, fundamental: la tata Beata, niñera de Carlo desde 1992 a 1996.

Como buena polaca, admiraba a Juan Pablo II (que por aquellas fechas estaba en la mitad de su pontificado) y tenía una fe profunda y sincera, propia de quienes han sufrido en su patria las crueldades de sistemas totalitarios que reniegan de Dios. La presentación, el primer día que entró a casa, dejaba fuera de dudas cuál era la devoción de Beata, pues entró con varias estampitas de la Virgen de Częstochowa, un icono de la Virgen María muy venerado en Polonia y patrona de todos los polacos.

Fue ella quien comenzó a hablarle de la fe y nuestro pequeño Acutis no dejaba de pedirle que le contara cosas de Dios, de Jesús, de la Virgen, de los santos... en los paseos entraban en las iglesias y era con ella con quien Carlo recogía florecitas de los jardines para llevárselas a la Virgen. En esos mismos paseos, Carlo insistía en parar a saludar y hablar un poquito con los sintecho con los que se cruzaba. Era un «renacuajo», pero irradiaba esa candidez que solo los niños saben mostrar.

Fue el pequeño Carlo quien convenció a sus padres para que pasaran un verano con ellos Beata y su hijo de tres años, Konrad, que se encontraban ese año en especial dificultad. En ese periodo no se podían permitir ninguna clase de vacaciones y entonces el pequeño Carlo se enteró de esa situación e insistió para que pudieran irse con ellos. Al llegar, Carlo les dejó su habitación a ellos dos en la casa del Cilento (Salerno) donde pasaban ese verano. Carlo y Konrad pasaban mucho tiempo juntos, jugando, dibujando, haciendo «películas» con una pequeña cámara...

Beata, esta anónima polaca, comentaba con la madre la sensibilidad del pequeño Acutis para lo espiritual y su gran inteligencia. Era avispado desde pequeño. Siempre fue un poco adelantado y maduro para su edad. Leía con cuatro años y, a punto de salir de la niñez, le gustaba leer algunos textos de informática para la cual tenía un talento especial, incluso libros propios de la universidad, que sus padres adquirieron en la librería de la Politécnica de Milán.

Será también con Beata con quien comience a recitar el Rosario, oración que no dejó a lo largo de su vida y que rezaba cada vez con mayor devoción. El Carlo adolescente dirá que el Rosario es «el camino más corto para llegar al Cielo» y que es como el encuentro diario con la Virgen, de la cual dirá: «Ha sido la única mujer de mi vida».

La tata Beata será testigo de primera mano de la paciencia y bondad natural de Carlo. Sí, era un chaval normal, pero «demasiado bueno», dirá la niñera polaca. No hablamos de un santo que desconozca qué es ser humano, pero hablamos de un chavalín que dentro de su normalidad era capaz de encandilar y llamar la atención por este «ser extraordinario dentro de lo ordinario». Para la muestra de la paciencia de Carlo desde *piccolino*, nos da un botón la niñera protagonista de estos últimos párrafos.

3. «Todo es vuestro, vosotros de Cristo y Cristo de Dios»

Que Carlo nació en una familia adinerada es una realidad y un punto que conviene aclarar correctamente. Algunos se escandalizan por esto, no sé por qué, quizá tengan las intenciones tan rectas como el que se escandalizó cuando María de Betania derramó un frasco de caro perfume de nardo a los pies de Jesús (*Jn* 12, 1-8)... Ni la carestía económica proporciona la santidad ni la riqueza la quita. Es más, la pobreza material no es en sí ninguna clase de virtud y ni siquiera es deseable. Jesús no promueve el hambre ni la falta de medios. Tampoco critica al rico por el hecho de tener riquezas.

Este aspecto es crucial entenderlo. En un mundo globalizado e hipócrita existe cierta tendencia a criticarlo todo, especialmente lo que produce envidia. Sería un grave error juzgar a una persona solo por su cuenta bancaria. Un error gravísimo. Ni los pobres, por el hecho de ser pobres, son generosos, ni los ricos, por el hecho de ser ricos, son avaros. Ni Carlo es santo por ser rico ni Bernadette Soubirous por ser pobre. Ni san Francisco de Asís es santo por dejar todos los bienes materiales ni los santos reyes canonizados (Fernando, Luis y otros tantos) dejaron de serlo por tener los bienes propios de la realeza medieval. Esa es la levadura farisaica de la que Jesús nos advierte (*Mt* 16 o *Mt* 25): la del que mira solo el aspecto material sin ver el fondo.

De hecho, me atrevería a decir que a Jesús le da igual el aspecto material: «Su reino no es de este mundo». Le importa el encuentro con Él. De la relación con Él se deriva también una relación con los bienes materiales. Recordemos a Zaqueo (*Lc* 19): un estafador que se convierte después del encuentro con él y entonces decide restituir cuatro veces a aquellos a los que ha estafado. Jesús no le dice: «Para seguirme debes haces esto con tu dinero», sino que Zaqueo, sintiéndose amado, descubre que el dinero, a quien había servido hasta ahora, tiene un valor diferente. San Mateo, más de lo mismo. Deja la mesa de los impuestos (*Mt* 9) con la que se enriquecía después de sentirse «mirado con misericordia». Le dice «sígueme» solo después de haberle mirado con misericordia: así lo describe san Beda el Venerable comentando en una homilía este pasaje, y de dicha homilía tomó el papa Francisco su lema para el pontificado («*Miserando, atque eligendo*», en castellano, 'lo miró con misericordia y entonces lo eligió').

Ciertamente, su situación económica le permitió viajar, conocer diferentes lugares, tener unas facilidades y medios superiores, quizá, a los de la media. Pero supo vivir alejado de la codicia y la racanería. El Evangelio nos dice que le «es difícil a un rico entrar en el Reino de los Cielos» porque «no se puede servir a Dios y al dinero», sin embargo, cuando se sirve a Dios por completo, también el dinero está al servicio de este Gran Señor. Cuando uno vive así, ha alcanzado a practicar, a hacer carne en su propia existencia, esa gran verdad que proclama san Pablo en 1 Corintios 3 y da título a este capítulo: «Todo es vuestro, vosotros de Cristo y Cristo de Dios». Sabiéndonos de Cristo, podemos usar de todas las cosas con verdadera libertad cristiana.

A Carlo le rechinaba la gente pomposa y presumida. Una vez, un señor de alta alcurnia fue a su casa. Era presumido, le gustaba lucir medallas y hablaba engolado en exceso. Carlo, que era muy listo y bastante guasón, «se quedó con la copla» y luego, con sus padres, lo imitaba, exagerando las formas y a veces hasta disfrazándose, como los niños que le dicen a sus padres: «Papá, mamá, adivinad quién soy». La ostentosidad se descubre ridícula cuando viene pasada por el filtro de la inocencia de los sencillos.

O aquella vez que tuvo la oportunidad de ir en barco, por los amigos de sus abuelos. A Carlo le gustaba el mar y se lo pasó estupendamente. Pero el dueño presumía, quizá no directamente aunque ya se encargaba de remarcar las ventajas de su barco, de esto, de aquello, de impostar la voz... Eso no le gustaba nada. Las insinuaciones vanidosas las detestaba. Luego, una vez más, cuando quería bromear sobre el tema, imitaba el tono de la voz, pronunciaba a modo chic, hacía gestos rimbombantes y hacía reír a su familia.

No lo hacía con maldad, simplemente su inocencia chocaba con la mundanidad. Solía decir que el dinero, los títulos, son «papel mojado». Su madre cuenta con mucha gracia como algún día le recriminaba con dulzura que unas cremas cosméticas que iba a comprar eran demasiado caras. Estaba viendo si comprarlas y Carlo con mucho cariño le dio a entender que por ese precio habría que pensarse bien si realmente eran necesarias.

A él, por su parte, no le gustaba vestir con ostentación. No era ni presuntuoso ni desaliñado, sino más bien clásico y no le gustaba la moda ni destacar. Podía tirarse meses con las mismas zapatillas, haciendo cultivar la paciencia a su madre, que se preocupaba más de que variara, de conjuntar, del estilo...

Alguna vez le invitaron a casa de amigos pudientes, con verdaderos casoplones. Nunca presumió de ello. No le entusiasmaba ese mundo. No era posible asombrarle con faustos y boatos. «Era una casa con su cocina, su salón y las habitaciones», dijo una vez a Rajesh (su cuidador, del que luego hablaremos) quitando importancia a la casa donde había pasado la tarde con un amigo en unas vacaciones; cuando en realidad la casa debía de ser un chalet considerable y no me extraña que el pobre Rajesh tuviera curiosidad.

Y también, al contrario. Una vez, un conocido suyo le preguntó que cómo era su propia casa. Carlo debió intuir que había un exceso de preocupación por esas cosas, quizá deseaba o comparar, o simplemente saber más de ese Carlo a quien intuía de una familia pudiente. Pues nuestro adolescente Acutis le dijo «que bueno, que una casa, que tenía techo y paredes que dividían la sala de estar del baño y de las habitaciones y de la cocina». Y seguramente su casa no era un cuchitril, pero solo faltaba, presumir por una casa.

Quizá uno puede pensar que es un niño un poco repelente, pero en absoluto. Hay actos que son malos o buenos dependiendo de la intención. Carlo era, en ese sentido, muy simple. En español decimos que «los niños y los borrachos dicen la verdad». No irá tan lejos cuando Jesús dice: «Dejad que los niños se acerquen a mí». La sencillez y la humildad evitan las complicaciones de los adultos.

Mafalda dice que los niños no entienden a los adultos porque, al igual que no se entienden las películas si las empiezas a ver a la mitad, así los adultos están «ya empezados». Quizá hay algo de esto: los adultos estamos ya empezados en muchos pecados, en muchos líos, caídas, debilidades, rencillas. La ingenuidad del niño se va perdiendo y nos hacemos complicados. Carlo no perdió esa candidez. Era esta sencillez la que le permitía decir así las cosas. La caridad es siempre sencilla, si es caridad de verdad. Quizá por eso «de los niños es el Reino de los Cielos».

4. El amor por las cosas que crecen

Que me perdone la familia de Carlo, sus amigos, conocidos y devotos, y me perdone Dios si me excedo en la comparación que voy hacer ahora. Pero creo que con las páginas que llevamos, nadie se extrañará y el lector sabrá que van preñadas del más absoluto tierno afecto.

Nuestro querido Carlo es el *hobbit* de este libro. Particular, quizá. Pero no volaba, no iba en una nube ni a su paso olía a rosas. Era extraordinario dentro de su vida ordinaria. Quizá esta es la gran complejidad de escribir una biografía sobre alguien que en realidad no tiene para ocupar tanto. Ya lo decíamos antes. Su vida no es frenética. Por eso es necesario detenernos en las anécdotas que nos permiten asomarnos un poco a su interior y escribir sobre las dimensiones de su vida con las que vibraba.

Me parece interesante dar unos retazos en este capítulo a lo que, al comienzo del libro, el *hobbit*

Bilbo Bolsón describe como la vida apacible de los de su pueblo. Él lo sintetiza como «el amor por las cosas que crecen». Es decir, un trabajo sencillo diario del que solo el tiempo puede ver sus frutos y que sabe alternar precisamente con degustar esos mismos frutos. La comida y el tabaco de pipa de los *hobbits* son precisamente los elementos para que la vida del *hobbit* sea plena.

Seguramente esto lo entendamos mejor con dos términos castellanos que hemos heredado de Roma: el ocio y el negocio. El ocio, el *otium* romano, no es un hobby. Era todo el espacio dedicado al descanso, al enriquecimiento personal, al sano disfrute, a la paz familiar. Nada tiene que ver una verbena o el ocio juvenil en las fiestas desfasadas de un pueblo. El ocio romano es algo esencial a la vida humana, quizá, precisamente, lo más propio del hombre. No se trata de embotar los deseos ni emborrachar el placer, sino el equilibrio entre deberes, descanso y celebración. Por ello, el trabajo, el negocio, viene a ser la negación del ocio, *nec-otium, no-ocio*. No estamos hechos para un trabajo desgastante y asfixiante, sino que ese trabajo (negocio) debe estar armonizado con todo lo demás.

A esto se debe que la misma vida social se alterna sabiamente en celebraciones y fiestas que culminan o dan sentido al trabajo, o pausas y recogimientos que dan sentido al día. Es el sentido de llegar a casa por la tarde y salir al parque con los niños, es el sentido del descanso semanal del domingo, de los puentes, de las vacaciones trimestrales o de los periodos estivales. En palabras del escritor de *El Principito* (libro favorito de Carlo), Antoine de Saint-Exupery, en su obra *La ciudadela,* y recogidas por el filósofo Byung Chul Han en *La desaparición de los rituales:*

> [...] bueno es que el tiempo que transcurre no nos dé la sensación de gastarnos y perdernos, como al puñado de arena, sino de realizarnos. Bueno es que el tiempo sea una construcción. Así voy de fiesta en fiesta, y de aniversario en aniversario, de vendimia en vendimia, como cuando iba de niño de la sala del consejo a la sala del reposo en la anchura del palacio de mi padre, donde todos los pasos tenían un sentido.

Carlo también sabía disfrutar. Si bien debemos ofrecer a Dios todos los esfuerzos por mínimos que sean, también Acutis daba gracias y ofrecía los buenos momentos. Disfrutar no es contrario a la vida cristiana, ¡por favor! San Francisco de Sales dice que «un santo triste es un triste santo» y Gilbert Keith Chesterton, el gran Chesterton, sentencia: «Lo contrario al cristianismo no es el ateísmo, es la tristeza», el mismo autor que dice que «en el catolicismo la cerveza, la pipa y la cruz van muy bien juntas». En este santo del siglo XXI (y menor de edad), parafraseamos a Chesterton y podemos decir que «en la vida cristiana, el refresco, el helado y la cruz van muy bien juntas». Y aunque la alegría cristiana es diferente a la del mundo, el cristiano también sabe disfrutar y dar gracias de pequeños placeres legítimos y queridos por Dios.

Por eso a Carlo le gustaba estar con los demás. No le importaba nada en absoluto ni su nivel de vida social ni tampoco la edad. Cuenta su padre que cuando sabía que iba a encontrarse con alguien que hacía tiempo que no veía, se quedaba pensando días antes qué podía hacer para que el reencuentro fuera más agradable, y siempre se le ocurría algún detalle. A veces, lo que hacía era grabar y montar una especie de cortometraje para poder enseñarlo y reír juntos.

Con respecto a su vida escolar, en 1995 estuvo en el jardín de infancia y luego comenzó en 1997 la escuela primaria en el Instituto Tommaseo de las religiosas marcelinas, aunque antes había estado tres meses en el San Carlo, de donde le cambiaron por practicidad. En esos tres meses del San Carlo, le dio tiempo a hacer amigos y alguna lágrima se le escapó cuando hubo de cambiarse. Con todo, su madre dice que nunca se quejó ni se lamentó.

En la escuela no destacaba como una especie de líder al que le siguiesen todos. No era el jefe de ninguna pandilla. Era querido, apreciado. Ni sufría *bullying* ni era aclamado. De hecho, tampoco era el primero de la clase en calificaciones (aunque no eran malas notas). Era normal, aunque todos reconocieran en él un tipo bueno y especial. Tenía su grupo de amigos, aunque no se limitaba a solo un grupo. Vivía ese equilibrio que muchas veces todos nosotros vemos que no alcanzamos: tener amistad con unos en especial (como es lógico) sin hacer tampoco acepción de personas ni ser selectivos.

Uno de sus amigos cuenta con gracia y sorpresa cómo le hizo el *Power Point* para un trabajo importante del instituto en un día. Estaban hablando y este amigo le comentó que iba mal de tiempo y Carlo se ofreció a echarle una mano, aunque no le sobraba trabajo tampoco a él.

Había hecho la enseñanza primaria y media en el Instituto Tommaseo, de las religiosas Marcelinas. Desde 1997 al 2005. En septiembre de 2005 comienza en el instituto de los jesuitas León XIII. En este último puso también sus dones al servicio y preparó algún vídeo promocionando el voluntariado. En el vídeo colaboraron sus compañeros de clase. Contiene tomas falsas al comienzo (es impactante escucharle organizar el vídeo y avisar a uno: «mettiti nel grupo» —'¡métete en el grupo!'—), el vídeo en sí, y tomas falsas al final, donde incluye imágenes de broma (por ejemplo, que caigan rayos).

Le gustaba estar con la gente. Y contagiaba esa alegría. Carlo se entretenía gustosamente con los conserjes y porteros en el trayecto que iba de su casa al colegio. En la escuela, saludaba siempre al conserje y hacía una cosa muy bonita: cuando no entraba por la puerta principal y entraba por la trasera, recorría los pasillos e iba al conserje para darle los buenos días. Pero es que, si se cruzaba con algún mendigo (aunque de esto hablaremos luego), no era de dar una limosnilla, sino que se detenía. Miraba a los ojos. Hablaba con ellos. Algo de esto saldrá luego.

Sus profesores hablaban bien de él, pero también tenían que regañarle cuando hablaba o interrumpía en exceso. Disfrutaba jugando al fútbol. Quedaba con sus amigos a merendar, a jugar a la consola o a algún deporte. En Asís, iba con su prima a jugar al monte Subasio, lugar donde se tomaron las fotografías más conocidas de él: un chaval de pelo rizado algo despeinado, polo rojo, cuello azul marino subido, mochila blanca y pantalón pirata blanco. En Asís, iba a la piscina también. En la piscina pública, su madre recuerda con gracia cómo fue a «regañar» a dos adolescentes que se estaban besando descaradamente con niños delante. ¡Que tío, no le paraba nada!

Con esta prima que acabo de mencionar, pasó varias vacaciones. Se ponían las aletas de buceo y las gafas, y a sumergirse en el agua. Ella dice que estar con él era siempre divertido. Era un poco payaso podemos decir. De hecho, hay varios vídeos suyos poniendo caras o haciendo el ganso para la cámara.

Imagino que, si entrevistáramos a sus conocidos y amigos, todos podrían decirnos los detalles que tuvo con ellos. Por ejemplo, cuando una amiga suya cayó enferma, la llamó a diario hasta que se recuperó. Su vecina Silvia de la casa de Asís cuenta que jugaba sin problema con sus hijos, varios años menores que él, pero que igualmente disfrutaba con su padre, con el cual vio el último partido por televisión (2006 era año del Mundial de fútbol). Esta vecina cuenta que en el mismo mes que falleció Carlo, su padre también murió.

No podemos olvidar este equilibro tan bendito de Carlo: «chaval totalmente normal con una armonía especial». Podemos quedar fascinados por su piedad, por su inteligencia, por su bondad. Los que le rodeaban sabían que era un tipo especial, ¿pero santo? «Ahora lo entendemos todo», dice su vecina de Asís a la que hemos aludido.

Le gustaba también la música. Su canción favorita era *Gocce di memoria* de Giorgia, lanzada en 2003 y que, de hecho, se cantó en el festival de su beatificación en Asís. Su libro favorito, *El principito* de Antoine de Saint-Exupery: «Lo esencial es invisible a los ojos», leemos en él. Aprendió a tocar el saxofón de manera autodidacta a los 9 años: toda una pena que no tengamos testimonios de sus vecinos de Milán para ver qué opinaban ellos de sus primeros pasos en la música (todos sabemos cómo suena un instrumento así cuando uno está aprendiendo…).

Su pasión especial es conocida de sobra: la informática. No lo sé, pero me aventuro a decir que, si le hubieran hecho todos los test que se hacen ahora, es posible que tuviera «altas capacidades», especialmente en este ámbito de la informática. Manejaba y diseñaba todo tipo de programas. Leía, como hemos dicho hace varias páginas, libros de informática propios de carrera de ingeniería. Gracias a ello, preparó diversas webs, realizó vídeos y presentaciones. Cuando se realizaron las investigaciones propias para una causa de canonización, rebuscaron por su ordenador, y todo el contenido que encontraron era relacionado con la escuela o enfocado a la evangelización o la piedad.

No se es más santo cuanto más está uno con «cara de perro». Vamos a ver en un apartado dedicado a la Virgen las peregrinaciones a los santuarios marianos, pero también viajó por el disfrute familiar. Visitó Barcelona, Toledo, Madrid, varias ciudades de Italia, varias ciudades de Portugal, Suiza... Nunca dejó de entrar a un templo a visitar a su querido amigo, nunca dejó de ir a Misa, de visitar los centros de nuestra fe... Pero también supo, simple y llanamente, pasarlo bien.

En una de sus visitas, ocurrió una anécdota graciosa. Estaban en las Descalzas Reales, en Madrid, y llevaban a la perrita, su mascota. La abuela se empeñó en pasar con la perrita escondida (no estaba permitido) y una vez dentro, en el museo, comenzó a gruñir o a dar medios ladridos. La abuela, apurada, fingía toser con fuerza o imitar que era ella quien hacía los sonidos. Carlo estaba muerto de la risa y quiso grabar algunas escenas con la cámara. «Caos en el museo», tituló a ese cortometraje.

Es conocida una foto en Toledo con la ciudad al fondo. Le gustaba el español, le gustaba como sonaba (le hubiera gustado aprenderlo, de hecho). Barcelona le chiflaba. La Sagrada Familia, que a cualquiera corta la respiración, podemos imaginar el impacto que causó a este jovencito con esa gran sensibilidad para la belleza. También tuvo alguna anécdota graciosa, cuando le contestaron en catalán mientras pedía unas indicaciones... y si el español lo llevaba regular, ¡qué decir del catalán!

O aquellas vacaciones en la casa de la playa de los abuelos. Iban hacer una ruta en barco y Carlo había pedido a Jesús ver un delfín. Le encantaba ese animal. De hecho, su madre optó por el dibujo del delfín como contraportada del libro en el que habla de su hijo. Es curiosa la libertad de Carlo en su trato con Jesús. No era un capricho de niño mimado, simplemente la ingenuidad del inocente capaz de ilusionarse con lo pequeño: «Jesús, ¡cómo me gustaría ver un delfín!». Pues vio varios. Varios delfines se juntaron al barco y estuvieron nadando unos cuantos minutos a su lado. Él lo grabó ilusionado e hizo un pequeño montaje con la música de *La misión* y algunas palabras sugerentes.

Carlo lo dejó escrito en uno de sus cuadernos después de algún retiro o meditación: «*Essere sempre unito a Gesù, ecco il mio programma di vita*» ('Estar siempre unido a Jesús, ese es mi programa de vida'). Esto es mucho más profundo que simplemente realizar obras piadosas, jugar a ser un santo. El que está unido a Jesús está unido en «la salud y en la enfermedad, en la pobreza y en la riqueza» (parafraseando las palabras de una boda), en lo bueno y en lo malo. Esto es de vital importancia, porque la plenitud viene dada cuando uno, por vivir en el amor de Dios, vive en plenitud cada instante de su vida.

Precisamente desde esta óptica podemos entender a un Carlo que lucha por la virtud, que lucha contra su pecado, pero que vive feliz, que ama la vida, que disfruta la vida. Por eso nos encontramos con un santo del siglo XXI que ha hecho viajes, ha disfrutado del fútbol, de los juegos, de los aparatos electrónicos, de los amigos...

5. «Si no tengo caridad, no me sirve de nada»

San Pablo es muy claro al hablar de la caridad (*1 Co* 12, 31- 13, 13): «Podría saber todas las lenguas los hombres y los ángeles, tener el don de profecía y conocer todos los misterios y toda ciencia, y aunque tuviera fe para mover montañas, o podría repartir todos mis bienes o entregar el cuerpo a las llamas, "si no tengo caridad, no me sirve de nada"».

Esta virtud es crucial para el cristiano. Dios mismo es Amor. La relación con Dios no es una relación de sumisión, de castigo, de compra-venta... es solo una relación de amor. Aquel que ha sido transformado por este amor vive toda la vida impregnándola desde este amor. Las relaciones humanas están llamadas a quedar contagiadas, transfiguradas, por esta relación con Dios que todo lo cambia: «Porque si no amas a tu hermano que ves, no puedes amar a Dios, que no ves». Así de claro es san Juan en su primera carta, capítulo 4. Efectivamente, el cristiano, por amor de Dios, está llamado a amar al prójimo, al próximo. «Al atardecer de la vida nos examinarán del amor», sentenciará san Juan de la Cruz. Por tanto, toda nuestra vida es una lucha constante por crecer en este amor.

De nuevo, una gran conversación de *El Señor de los anillos* en la primera película. La compañía encargada de custodiar a Frodo en su misión de destruir el anillo hace una parada. Están exhaustos. Frodo se abre a Gandalf: «Ojalá el anillo nunca hubiera llegado a mí, ojalá nada de esto hubiera ocurrido». Este sabio mago le responde:

> Eso desean quienes viven estos tiempos. Pero no les toca a ellos decidir. Lo único que podemos decidir es qué hacer con el tiempo que se nos ha dado. Hay otras fuerzas en este mundo, Frodo, además de la voluntad del mal. Bilbo estaba destinado a encontrar el Anillo. Y como consecuencia, tú estabas destinado a tenerlo. Y ese es un pensamiento alentador.

Qué hacer con el tiempo que se nos ha dado. Tiempos difíciles ante los que luchar y lo único a lo que podemos responder es a qué hacer yo con el tiempo que se me ha dado. Carlo lo tenía muy claro: «*La vita è un dono perché finché siamo su questo pianeta possiamo aumentare il nostro livello di carità*» ('La vida es un don porque mientras estamos en este planeta podemos aumentar nuestro nivel de caridad'). La única manera de vencer «la voluntad del mal» es aumentar nuestro nivel de caridad.

La caridad no es hacer cosas por los pobres. No seamos reduccionistas. Sin embargo, la verdadera caridad debe llevarnos a dolernos por la situación de los que sufren. Entre ellos, los pobres, los miserables, ocupan un lugar especial. Nadie que sufra puede no encontrar en nosotros un corazón lo suficientemente abierto para acoger su sufrimiento, sea del tipo que sea. Carlo no se escandalizaba. Odiaba el pecado, no al pecador. Se acercaba al miserable, al pobre. Una cosa importante: los miraba a los ojos y se entretenía con ellos. Su tiempo valía lo suficiente como para ser invertido en ellos. No lo perdía con ellos, lo aprovechaba.

Esto lo reconocen algunos a los que se ha podido entrevistar. Carlo llamaba la atención, no porque tuviera sensibilidad con los pobres, sino porque no tenía miedo a tratarles como a uno más.

Algunas anécdotas merece la pena resaltarlas. Muchas veces, cuando sobraba comida en casa, la envolvía o la guardaba en fiambreras para darla a los pobres. Iba con Rajesh a dársela. En la ciudad de Asís, donde Carlo veraneaba, dejaba comida donde sabía que un sintecho dormía. Con los ahorros que tenía (de regalos, pagas juveniles...), compró un saco de dormir que dio a otro pobre.

Cuando salía a pasear o a Misa, siempre se metía un euro en el bolsillo que daba como limosna a algún mendigo. Y como hemos resaltado, no daba el euro solamente, lo daba con la sonrisa, saludando, preguntando cómo se encontraba. Quizá, lo que más agradecían estas personas era su bondad, educación y gentileza.

Cómo no recordar aquí el sencillo suceso con Giuseppina, una persona pobre, sintecho, amiga de otro mendigo. Este mendigo le habló de ella a Carlo: se estaba dejando morir, no quería beber ni comer. Carlo fue con su madre y consiguió convencerla para ir al hospital y ser ingresada. Cuarenta días estuvo en el Fatebenefratelli, donde Carlo fue a verla varios días.

A otro mendigo que pedía en su parroquia en las Misas donde él iba (siempre con su madre o su abuela, a las 18:00 o 19:00) le consiguió una bicicleta de segunda mano. A otros, le hizo a su madre invitarles a un McDonald's. Sin embargo, una vez más, no es solamente el hecho de comprarle una hamburguesa, sino que se sentaba a comer con ellos. Compartía mesa y pan. Colaboró en comedores sociales con las misioneras de la caridad de Madre Teresa o con los franciscanos capuchinos. Muchos de estos mendigos a los que saludaba y con los que se entretenía eran musulmanes, hindúes... Carlo veía en ellos una presencia silenciosa del Señor a quien servía en cada uno.

En Milán, el fraile capuchino Giulio Savoldi dice:

Tuve la fortuna de tener varios encuentros con Carlo; tengo un recuerdo vivísimo. Era un chico sereno, de rostro luminoso, abierto a todo lo que es bueno y bello, ciertamente fortalecido por el Espíritu Santo. Muy sensible a la pobreza y sufrimiento de los demás, siempre quería echar una mano según sus posibilidades a aliviar el dolor de aquellos que, en todos los aspectos, eran menos afortunados que él. Así se explica cómo un día, todavía de pequeño, espontáneamente, con un gran sentido de amor, me trajo el contenido de su hucha para los niños más necesitados. Se empeñaba en infundir confianza y seguridad a sus contemporáneos que se encontraban en dificultad [...]. No juzgaba a nadie ni condenaba a quien se equivocaba, pero con gusto se prestaba para devolver a las almas agitadas serenidad y paz, siguiendo las huellas de Jesús, mandado por el Padre no para condenar, sino para salvar. Doy gracias a Dios por habérmelo hecho conocer. Yo, en particular, lo siento como una guía y un fuerte reclamo a la santidad [...].

6. Fuente y culmen

El Concilio Vaticano II dice que la Eucaristía es «fuente y culmen» de la vida cristiana. En la Eucaristía no solo se nos da la gracia, sino que se da a sí mismo el autor de la gracia. La Iglesia, como Cuerpo de Cristo, no puede crecer sino es con el Cuerpo de Cristo. Igual que en el relato del Génesis se nos presenta a Adán dormido y de su costado modela Dios a Eva, así, de Cristo dormido en el sueño de la muerte, de su costado abierto, Dios modela la Iglesia. La Iglesia es la esposa del Señor, muerto y resucitado, y Cristo es el Esposo y cabeza de la Iglesia, que da su vida, su sangre por ella, y le da nueva vida.

En la Eucaristía se nos actualizan, se traen al presente, los frutos de la muerte y resurrección de Cristo y se nos da un adelanto del Cielo. El cristiano, por ello, comulga el Cuerpo de su Señor y se convierte para el que lo recibe bien dispuesto en puerta para el Cielo, fuerza para el camino de encuentro con el Señor. En este glorioso banquete, Cristo mismo se nos da como comida y la comunión hace honor a su nombre, haciendo la unión entre el cristiano y Cristo.

Y este encuentro de comunión en la Eucaristía se prepara, se recibe y se enmarca en todo un contexto de relación entre Dios y su criatura. Por ello, comemos lo que adoramos y adoramos lo que comemos: este es el sentido de la adoración eucarística, reconocer que no soy digno de acercarme a la mesa del Señor, de que Él venga bajo mi techo, y solo cabe acogerlo en la humildad. Solo el humilde puede adorar y el soberbio jamás será capaz de ello. Porque adorar nos coloca en nuestra situación de criatura, reconociendo la verdad de Dios, que ha querido por su bondad acercarse al hombre.

Carlo Acutis decía con frecuencia «*senza di Lui non posso far nulla*» ('sin Él, no puedo hacer nada'). Solo el que reconoce que todo lo ha recibido, que nada puede por sus propias fuerzas, está en clave verdadera de adoración. Por eso, la Eucaristía será el gran mensaje central de Carlo. La Eucaristía era la fuente de su fuerza. Sin ella no habría sido posible la santidad, porque es Dios quien nos otorga la santidad. La santidad de Dios es la posibilidad de que nosotros mismos seamos santos. Por todo esto, no dirá Carlo en vano: «La Eucaristía es mi autopista para el Cielo». Esta es quizá su frase más conocida.

Carlo tenía hambre del Señor. Lo anhelaba. Cuando iba a Misa con Beata se enfurruñaba porque no

podía comulgar. Su pequeña y santa obsesión era
Jesús Eucaristía. El Pan vivo bajado del Cielo. Era
totalmente consciente de que, aun pareciendo pan,
no es pan, es Jesús en su cuerpo, sangre, alma y di-
vinidad. Cristo sustancial, real y verdaderamente
presente. Un milagro que ha hecho correr ríos de
tinta, pero que sencillamente ha hecho latir fuerte
el corazón de los santos. Y aquí tenemos a nuestro
pequeño Carlo, arrodillado delante de cada sagrario. Cuando paseaba, cuando viajaba, hacía parar a
sus padres y entrar en la iglesia para saludar a Jesús.

Y finalmente llegó el gran día. Su «santa obsesión», su santo deseo, alcanzó, entonces, su culmen
el 16 de junio de 1998: el día que Carlo comulgó por
primera vez al Señor en la Eucaristía. Fue en la
Monjas Eremitas de San Ambrosio, en Perego, a
una hora en coche de Milán. Un monasterio privilegiado por un entorno fascinante que acoge a las
monjas de clausura de esta orden tan particular.
Carlo las apreciaba muchísimo y en alguna ocasión
reconoció que fue la oración de estas almas con-
templativas la que le alcanzó la gracia de no caer en
los pecados propios de la juventud: contra la castidad, el alcohol, drogas, adicciones, etc.

Ya hemos aludido al comienzo a la presencia del
cordero en la vida de Carlo y concretamente en el
día de la primera comunión. Estaba la familia reco-
rriendo con el coche el trayecto de montaña que su-

be al monasterio donde le esperaba Jesús Eucaristía para ser comulgado, cuando un pastor con una oveja cruzó una de las calles. Carlo rápidamente unió en su corazón ese signo providencial: iba de camino a recibir al «Cordero de Dios que quita el pecado del mundo». Y lo que no sabía es que cerca de ocho años después, él mismo se consagraría como víctima ofrecida, «completando en su carne lo que faltaba a la Pasión de Cristo», entregando los sufrimientos de su enfermedad en beneficio de toda la Iglesia. Pero para esos días, aún quedan varias páginas.

Seguro que el rápido lector todavía se pregunta si está bien la fecha de la primera comunión, al menos el año. Si nació en 1991, ¿hizo la comunión en 1998? Así es. Solo tenía siete años cuando hizo la primera comunión, de manera que era necesaria una licencia especial. El permiso se lo concedió el arzobispo Pasquale Macchi, ligado a estas monjas. Este prelado había sido secretario de Pablo VI y cuando el Papa murió, regresó como arcipreste del Sacro Monte Varese, lugar de fundación y donde está la casa madre de las Monjas Eremitas de San Ambrosio de Nemus (que son las que encontramos en Perego). Luego fue nombrado prelado de Loreto, por lo que recibió el título de arzobispo *in personam*, y al quedar como emérito, se retiró al monasterio de Perego, de la misma orden que había atendido en su época de arcipreste en Varese (Perego dista de Varese menos de 100 kilómetros). Se entrevistó un poquito con este pequeñín y afirmó que estaba más que preparado.

Desde entonces, no dejará ya nunca la Eucaristía. Iba a Misa a diario, normalmente a las celebraciones de las seis o siete de la tarde en Santa Maria Segreta, y practicaba la adoración eucarística antes o después de la misma. En alguna ocasión le dijo a su madre que le daba rabia que «los estadios de fútbol se llenen y no las iglesias». Solía repetir que «igual que nos bronceamos delante del Sol, nos vamos haciendo santos delante de la Eucaristía». Esta era la relación estrecha de Carlo con la Eucaristía. El sentido de la santidad para Carlo era por contagio.

Siendo más mayor, su padre Andrea le informó de una peregrinación a Tierra Santa y él, ni corto ni perezoso, le dijo que no le hacía falta ir a donde estuvo Jesús si está ya detrás de cada esquina, en cada templo. Fue en este momento cuando dijo: «Jerusalén está debajo de casa», haciendo referencia a los templos de la ciudad. Recuerdan sus padres:

> ¡Podemos encontrar a Dios, con su Cuerpo, su alma y su divinidad presente en todos los tabernáculos del mundo! Si lo pensamos bien, tenemos más suerte que aquellos que vivieron hace dos mil años, en contacto con Jesús, porque nosotros tenemos a Dios «real y sustancialmente» presente entre nosotros, basta visitar la iglesia más cercana. Jerusalén está debajo de casa, Jerusalén está en cada iglesia.

Admiraba el sacerdocio porque es el sacramento que consagra a hombres para poder perdonar los pecados y hacerle presente en la Eucaristía. Precisamente por ello, le dolía especialmente cuando un sacerdote no celebraba la Misa correctamente o sin devoción. No juzgaba al sacerdote, no criticaba. De hecho, él decía que «no podemos criticar a la Iglesia porque es criticarnos a nosotros mismos», y añadía: «La Iglesia es la que nos regala los dones de nuestra salvación». Pero no criticar, no juzgar, no significa perder el sentido crítico. Y Carlo, ciertamente, era sensible a todo lo relacionado con la Eucaristía y el prójimo.

Igual que san Francisco de Asís gritaba que «el Amor no es amado», él sentirá la urgencia de que la Eucaristía sea bien conocida. Era demasiado grande para que la gente no se enterara. Tanto era su amor por la Eucaristía que no podía guardárselo para él y usó sus dotes informáticas para promocionar esta devoción. Muy especialmente son conocidos sus «milagros eucarísticos», una web que abrió donde creaba unos paneles explicativos de múltiples milagros de todo el mundo relacionados con la Eucaristía. La idea se le ocurrió después de quedar fascinado por lo bien montada que estaba una exposición de arte en el Meeting de Rimini de 2002.

La web actualmente sigue abierta: *www.miracolieucaristici.org*. Es una locura pensar que podemos recorrer una página web abierta, diseñada y gestionada (en los inicios) por un santo adolescente. Esta exposición de los milagros eucarísticos ha dado la vuelta al mundo. Los paneles presentan el milagro: contexto histórico, lugar, fechas, testimonios, fotografías... Está dividida por países. De España recoge entorno a veinte milagros (desde Caravaca de la Cruz, pasando por Alcoy, Alcalá, Valencia, hasta O'Cebreiro, este último más sonado por ser lugar conocido del Camino de Santiago). Recoge también grandes historias de los santos y la Eucaristía, comuniones prodigiosas y experiencias místicas.

También realizó un vídeo explicando la transubstanciación (el milagro que se realiza en Misa por el cual el pan y el vino dejan de ser pan y vino, aunque lo parezcan, para ser el cuerpo y sangre de Cristo). Este vídeo está a día de hoy en YouTube. Lo usó para las catequesis en las que colaboraba en Santa Maria Segreta, Milán.

¿Por qué milagros eucarísticos? Se conoce por este nombre a eventos sobrenaturales relacionados con la Eucaristía a través de los cuales, por alguna señal extraordinaria, Dios muestra su presencia y poder en este sacramento. Encontramos Hostias que se han transformado en carne, Hostias que sangran, etc.

Son eventos extraordinarios. Por supuesto. De hecho, ni siquiera son necesarios para la fe, no son un dogma. Pero Dios, en su bondad, a veces se salta las leyes naturales para mostrarnos un poquito de su poder. Carlo quería aprovechar esos eventos para avivar la fe de los creyentes. Sin embargo, nadie se convierte simplemente por la visión de un milagro. Solo convierte el amor. Por eso, Carlo no es santo por usar el ordenador, por divulgar cuestiones de fe por internet, etc. Carlo es santo por amor. Y será ese encuentro el que encienda su pasión por anunciar lo que ha encontrado.

Benedicto XVI escribe en la gran encíclica *Deus caritas est:*

«Dios es amor, y quien permanece en el amor permanece en Dios y Dios en él» (*1 Jn* 4, 16). Estas palabras de la Primera carta de Juan expresan con claridad meridiana el corazón de la fe cristiana: la imagen cristiana de Dios y también la consiguiente imagen del hombre y de su camino. Además, en este mismo versículo, Juan nos ofrece, por así decir, una formulación sintética de la existencia cristiana: «Nosotros hemos conocido el amor que Dios nos tiene y hemos creído en él».

Hemos creído en el amor de Dios: así puede expresar el cristiano la opción fundamental de su vida. No se comienza a ser cristiano por una decisión ética o una gran idea, sino por el encuentro con un acontecimiento, con una Persona, que da un nuevo horizonte a la vida y, con ello, una orientación decisiva. En su Evangelio, Juan había expresado este acontecimiento con las siguientes palabras: «Tanto amó Dios al mundo, que entregó a su Hijo único, para que todos los que creen en él tengan vida eterna» (cfr. 3, 16). La fe cristiana, poniendo el amor en el centro, ha asumido lo que era el núcleo de la fe de Israel, dándole al mismo tiempo una nueva profundidad y amplitud. En efecto, el israelita creyente reza cada día con las palabras del Libro del Deuteronomio que, como bien sabe, compendian el núcleo de su existencia: «Escucha, Israel: El Señor nuestro Dios es solamente uno. Amarás al Señor con todo el corazón, con toda el alma, con todas las fuerzas» (6, 4-5). Jesús, haciendo de ambos un único precepto, ha unido este mandamiento del amor a Dios con el del amor al prójimo, contenido en el Libro del Levítico: «Amarás a tu prójimo como a ti mismo» (19, 18; cfr. *Mc* 12, 29- 31). Y, puesto que es Dios quien nos ha amado primero (cfr. *1 Jn* 4, 10), ahora el amor ya no es solo un «mandamiento», sino la respuesta al don del amor, con el cual viene a nuestro encuentro.

Esta es, por tanto, la clave. Sin amor, toda obra, incluso la evangelizadora, carecería de cualquier buen fruto. Ahora desarrollaremos esto un poco.

7. «Yo soy el camino, la verdad y la vida» (*Jn* 14, 6)

Jesús se define como 'el camino'. «Nuestra meta —decía Carlo— es el infinito». Solo en el Paraíso poseemos en plenitud lo que nuestro corazón anhela. Pero hasta llegar ahí, es necesario recorrer el camino.

La vida cristiana está llena de la imagen del camino. Jesús mismo nos invita a caminar detrás de Él («coja su cruz y me siga»), a caminar «por él», ya que él es el camino, a pasar por él, que es la puerta... Y como todo camino, no es fácil. La vida cristiana es dura, es difícil, para qué engañarnos. Seguir a Jesucristo no es fácil. Son múltiples las tentaciones, las debilidades, las incapacidades y los obstáculos. Es por esto que vemos el camino a recorrer solo después de haber visto que es él quien nos da la fuerza. Solo quien se decide a recorrer el sendero de la vida cristiana descubre cuán cierto es que sin él no podemos hacer nada.

Santo Tomás de Aquino explicará que sin la ayuda de la gracia, solo podemos hacer el bien un poco a veces. Para la constancia en el bien es indispensable la gracia. Es por esto que se hace difícil el camino, porque el ser humano querría hacerlo todo él mismo. Es el pecado original, querer ser Dios sin Dios. Dios nos había invitado a participar de su vida misma, se ha hecho hijo del Hombre para que el hombre llegue a ser hijo de Dios, sin embargo, el hombre se resiste a recibirlo como gracia. No quiere depender de Dios, de su don.

Dios ha puesto nuestra felicidad en algo que nos supera. Estamos llamados a lo sobrenatural. Quedarnos en nuestra naturaleza más básica encierra al hombre en una gran tristeza. Por eso insiste Carlo en que «la felicidad está en mirar hacia Dios, la tristeza en mirar a lo bajo, hacia uno mismo». Y añade, «la conversión consiste en un movimiento de ojos».

El Señor de los anillos tiene tanto que decirnos por esto, porque muestra cómo la vida misma es un camino para recorrer, donde abundan los peligros, los miedos y las tentaciones. Pero no es un camino azaroso, es un camino con una meta, con un objetivo. Merece la pena recordar el consejo de Galadriel, elfa a la que hemos citado al comienzo del libro: «No os preocupéis demasiado esta noche pensando en el camino. Pues los caminos que seguiréis todos vosotros ya se extienden quizá a vuestros pies, aunque no los veáis aún».

Toda la creación, dice el Catecismo, es creada en «estado de vía», es decir, que ha de tender hacia su propia perfección. Todos tenemos la experiencia de vivir así, como un «ya sí, pero todavía no». Como inclinados a algo. En la vida cristiana, por eso, detenerse es retroceder. No podemos cejar en la guerra. Podremos perder mil batallas, pero la victoria final se ha prometido a quien lucha, porque ya nos ha sido alcanzada la victoria.

Desear con todas nuestras fuerzas alimentar y acrecentar el deseo es fundamental, esencial, para la vida cristiana. El deseo es una constante en la vida del hombre. Por su propia arquitectura, el deseo expresa lo que el hombre mismo es: una inclinación hacia algo que nos impulsa a movernos hacia aquello a lo que tendemos, con la esperanza de la satisfacción.

El hombre conoce algo como un bien para él que lo hace inclinarse a ello. Por eso, el deseo puede nombrarse en un sentido muy básico, como el puramente fisiológico (por ejemplo, el comer), y según se refiera a potencias y dimensiones más elevadas, mayor será el fin que anhela el deseo (en última instancia, el Sumo Bien, Dios mismo).

San Agustín, santo del cual se considera hijo el papa León XIV, resalta del deseo su dimensión vital y existencial en el hombre. El deseo, que lo hemos visto sintéticamente constitutivo del hombre, el santo de Hipona lo va a resaltar en su dimensión más profunda, tocando las fibras del alma, en sus consecuencias más vitales y propias de la vida espiritual:

La vida entera del buen cristiano es un santo deseo. Lo que deseas aún no lo ves, pero deseándolo te capacitas para que, cuando llegue lo que has de ver, te llenes de ello. Es como si quieres llenar una cavidad, conociendo el volumen de lo que se va a dar; extiendes la cavidad del saco, del pellejo o de cualquier otro recipiente; sabes la cantidad que has de introducir y ves que la cavidad es limitada. Extendiéndola aumentas su capacidad. De igual manera, Dios, difiriendo el dártelo, extiende tu deseo, con el deseo extiende tu espíritu y extendiéndolo lo hace más capaz. Deseemos, pues, hermanos, porque seremos llenados. Ved cómo Pablo extiende su cavidad para poder acoger lo que ha de venir. Dice, pues: «No se trata de que ya lo haya recibido o de que ya haya alcanzado la perfección, hermanos; yo no creo haberlo alcanzado». ¿Qué haces, pues, en esta vida, si aún no la has alcanzado? «Una sola cosa: Olvidando lo pasado, extendido hacia lo que está delante, con toda intención persigo la palma de la vocación suprema». Dijo que estaba extendido y que lo perseguía con toda intención. Se sentía poco capaz para acoger «lo que ni el ojo vio, ni el oído oyó, ni ha subido al corazón del hombre». Esta es nuestra vida: ejercitarnos mediante el deseo. Pero el deseo santo nos ejercita en la medida en que apartemos nuestros deseos del amor mundano. Ya he dicho con anterioridad: vacía el recipiente que has de llenar con otra cosa. Tienes que llenarte del bien, derrama el mal. Imagínate que Dios quiere llenarte de miel; si estás lleno de vinagre, ¿dónde depositas la miel?

Carlo decía que la santidad era «una cuestión de resta y no de suma, menos yo para dejar más espacio a Dios». Para ello, se alimentaba de la Eucaristía, pero a veces podemos tropezar en este camino. No solo se nos da el alimento, también la medicina: la confesión.

Carlo usaba muchas metáforas para hacer sencilla y cercana la verdad católica. El vídeo al que hemos aludido antes para explicar la transubstanciación nos permite ver hasta qué punto hacía sencilla y cercana una verdad teológica compleja como esta. Sería injusto decir que Carlo era un gran teólogo, seguramente, si hubiera vivido más y hubiera estudiado la teología, se hubiera sorprendido de la amplitud de esta, sin embargo, tenía grandes «intuiciones teológicas», que, si bien no nos permiten llamarle teólogo, muestran un poquito de su interioridad, de su sabiduría y de su inteligencia. Son quizá esas intuiciones que Dios revela «a los sencillos y esconde a los sabios y entendidos». Fruto de sus muchas lecturas, estudio personal, atención a las cosas sagradas y de su relación estrecha con Jesús, buceaba por estas verdades.

Pues bien, una de esas metáforas que usará mucho para explicar la vida de la gracia y la confesión es la del globo aerostático.

«Un globo aerostático, para subir a lo alto, necesita descargar peso. Así es el alma, que para subir al cielo debe quitarse también aquellos pequeños pesos que son los pecados veniales». Y continúa: «Nuestra alma es como un globo aerostático... Si hubiera un pecado mortal, el globo cae por tierra y la confesión sería como el fuego que la volvería a elevar... Es necesario confesarse a menudo».

Me consuela mucho pensar que Carlo Acutis también se arrodillaba en el confesionario y decía: «Perdóname, Padre, porque he pecado». Y al final de su confesión también escuchó: «Yo te absuelvo de tus pecados en el nombre del Padre, y del Hijo y del Espíritu Santo». Esta es la grandeza de Carlo, que supo hacerse pequeño. Si se hubiera vanagloriado en su grandeza y cualidades, hoy no tendríamos a Carlo Acutis en los altares. Sin embargo, supo que todos sus talentos venían dados de lo Alto y supo ponerse a los pies de la misericordia cuando no correspondía en su plenitud a ese amor.

Fruto de esta fina conciencia, en la que se ve necesitado de la misericordia, pedía todos los años recibir la unción de los enfermos. Él se creía, de alguna manera, enfermo espiritual. Necesitaba recibir la fuerza del sacramento y a su vez recibir ese perdón en profundidad que es la unción de los enfermos. No es, como muchos creen aún, un sacramento que se recibe solo en los estertores de la muerte, de donde le viene el apelativo de «extremaunción».

También debió de controlarse en el uso de los videojuegos. Una vez, le llegó la noticia dramática de la cantidad de adolescentes que eran adictos a los videojuegos en EE. UU. Por ello, se propuso no usar la PlayStation más de una hora (o dos en casos excepcionales) a la semana. Igualmente, fue riguroso en el uso del ordenador para no caer en contenido dañino.

Y tenemos testimonios de un santo que hubo de luchar contra defectos concretos. Y que se proponía luchar de un modo concreto. La misma Iglesia es santa, «pero siempre necesitada de purificación» *(Lumen Gentium)*, por lo tanto, también cada uno de sus miembros estamos en vías de conversión permanente.

Un defecto de Carlo era que quizá hablaba demasiado. En italiano, la palabra parece un trabalenguas: «*chiacchierone*» (en español sería 'bocazas, hablador', aunque quizá para nosotros es más despectivo). Su madre, profesores, algunos amigos, lo describen con esa palabra. Podía excederse hablando. Era inteligente, avispado, bromista. El riesgo es evidente: podía pasarse en sus palabras. Me atrevería a decir que, no tanto faltando a la caridad, pues

75

era especialmente sensible a ello, pero sí podía cansar a los que le rodeaban o podía interrumpir en exceso. Es necesario enfocar correctamente este defecto: por un lado, no queremos minimizarlo para hacerlo más perfecto, pero tampoco queremos recalcarlo tanto que parezca una persona disruptiva, que no lo era. Creo que la mejor manera de hacerse a la idea es la de un niño inquieto y vivaracho al que habría que recordar en diferentes momentos: «Shhh, espera un momento».

Carlo era consciente de este defecto y se examinaba mucho sobre él. Lo encontramos en sus diarios y cuadernos. Era consciente de que esa dulzura para con los demás es clave en la vida cristiana. Conociendo a Carlo, seguro que supo del gran santo que luchó por esa dulzura del trato: San Francisco de Sales. De él cuentan que llegó a hacer un pequeño agujero en su mesa de los esfuerzos que hacía para controlar su genio.

También hubo de vencerse en la comida, especialmente en la Nutella y los helados, aunque era más de salado que de dulce. Lo que más le gustaba era la pizza y la pasta. Pero vaya, a Carlo también le gustaba muchísimo el dulce. De hecho, hay alguna foto del Carlo púber algo rellenito (propio también de los niños cuando entran en la pubertad y aún no han crecido). Cuando fue consciente de esta situación, comenzó a controlarse y a pedir la gracia de la templanza. Además, aprovechaba esta ascesis para ofrecerla como penitencia.

Paréntesis: ¡Aviso a navegantes! Es importante no confundir el ayuno con la dieta. Lo que Carlo nos muestra aquí es que todos los esfuerzos pueden ser ocasión de elevar una oración al Señor diciendo: «Es por tu amor, por la conversión de los pecadores». Por ejemplo, hacer la cama o las tareas del hogar es un deber ordinario, de todas las personas, no solo cristianos; sin embargo, Carlo nos enseña que también esos deberes son ocasión de encuentro con Jesús si lo vivimos de su lado.

«Estar siempre unido a Jesús, ese es mi proyecto de vida». Esto leemos en un cuaderno de Carlo. Por tanto, todo gira en torno a su centro: Cristo. Cristo en su vida y Cristo para los demás. Vivía profundamente consciente de que en este camino de la vida cristiana, anunciar al que queremos que sea el centro de nuestra vida es una obligación moral.

Esta es, por tanto, la clave. Sin amor, toda obra, incluso la evangelizadora, carecería de cualquier buen fruto. Un chavalín tan normal, pero conquistado por el Amor de Dios. Dice la Escritura que a Moisés, después de hablar con Dios, se le quedaba iluminado su rostro, hasta el punto de colocarse un velo en la cara para no llamar la atención. Pues nuestro pequeño santo iba dando luz también por donde iba. Vamos a presentar a otra persona resaltable en la vida de Carlo y veamos por qué tan importante: Rajesh.

Rajesh Mohur comenzó a trabajar con la familia Acutis-Salzano en 1996 hasta la muerte de Carlo en 2006. Era indio, original de una familia de casta sacerdotal brahmán. Carlo se referirá a él como «mi fiel amigo, Rajesh». Con él iba a la iglesia y hacía diferentes obras de caridad que luego veremos. Carlo hablaba a menudo con Rajesh de la Biblia, los sacramentos, la Iglesia católica... Rajesh iba siendo conquistado cada vez más por este *piccolo santo* y terminó pidiendo el bautismo.

Tenían una relación de confidencia profunda y sincera. Su joven amigo no dudaba en decirle las cosas «a las claras»: «Un día serás mucho más feliz cuando te acerques a Jesús». No dudaba en hablarle de Lourdes y Fátima y de los milagros eucarísticos que estaba investigando. Una anécdota graciosa que nos permite hacernos una idea de este cariño y confianza es que en algún cuaderno, escribiendo peticiones a Jesús, se puede leer: «Por Rajesh, para que le hagas menos vanidoso». El mismo Rajesh Mohur reconoce que era presumido, y Carlo, con mucha dulzura, se lo recriminaba y le hacía consciente de ello.

Con él también jugaba y se divertía. Jugaban a los espías, en plan James Bond. También le encantaba actuar. Carlo disfrutaba muchísimo haciendo el ganso. Era bromista y sabía generar como ninguno un ambiente privilegiado de buen humor. De hecho, dado su entusiasmo por la informática, no era raro que crease pequeños vídeos o cortometrajes que luego enseñaba a su familia y amigos. Con sus mascotas grabó algunas, las disfrazaba y jugaba con ellas.

Pero no es la única persona que atribuye su conversión a Carlo. El postulador de la causa, Nicola Gori, recoge algunas declaraciones. Este testimonio de Satya Cooldeo Jugnah es muy bonito: «Puedo decir que su fe en Dios y la devoción a la Eucaristía, de lo que soy testigo porque lo he visto en muchas ocasiones, entre otras cosas ir a Misa con su madre, ha sido un verdadero ejemplo». O el señor Seeven Kistnen:

> He conocido a Carlo Acutis cuando aún no había sido bautizado cristiano, y cuando iba a su casa porque había quedado con Rajesh, aprovechaba para hablarme de la fe católica y me daba lecciones de Catecismo, me hablaba de las apariciones de nuestra Señora de Fátima y Lourdes, de los milagros eucarísticos. Este hecho, unido a una gracia especial que creo que es fruto de las oraciones que Carlo elevaba al Señor por mí, me han convencido a abrazar la religión católica y bautizarme como cristiano. También yo acompañé a su madre y a Carlo a Misa. En Carlo siempre he visto un ejemplo de coherencia cristiana y de gran generosidad y humildad que no he visto nunca en otra persona.

Sin embargo, no nos confundamos. Carlo no jugaba a ser apóstol. Que nadie que termine leyendo estas páginas fuerce un apostolado artificial. Estamos quizá cansados de cierta mediocridad cristiana y cuando hablamos de evangelización y apostolado, tenemos dos tentaciones: realizar grandes proyectos, revestidos de cristianismo; o bien, cansar a los que nos rodean con estampitas y conversaciones «pías». No, Carlo no era «cansino». Le salía natural, según su carácter y su personalidad. Solo él podría evangelizar así, igual que solo san Francisco Javier como lo hizo. No hay dos santos iguales, no hay dos apóstoles iguales. Ya lo decía Carlo: «Todos nacemos originales, muchos mueren como fotocopias». No perdamos nuestra peculiar originalidad: originalidad cristiana con respecto al mundo, pero originalidad personal con respecto al resto de cristianos. San Pablo explica esta particularidad con la analogía del cuerpo en la Primera Carta a los Corintios, capítulo 12.

Y no en vano, Carlo se siente, por tanto, unido a todos los hombres. «Es hombre y nada del hombre le es ajeno». La amistad de nuestro querido adolescente con Jesús la sabemos de sobra; algo hemos visto de su relación con el prójimo... pero no queda ahí. Para Carlo, parafraseando las palabras del Señor, «todos viven, porque Dios es un Dios de vivos», de manera que su relación con el prójimo superaba la barrera de la muerte.

Cuando falleció su abuelo, el padre de Antonia Salzano, tuvo una visión de él en la que le pedía oraciones para salir del purgatorio. Y también Carlo «hizo de las suyas» después de su muerte: Silvia, su vecina, cuenta que Antonia, madre de Carlo, la llamó después de soñar con él avisándole de que su padre había muerto. Y así fue. Pero Mirella, otra vecina de Asís, con cuyo marido Carlo también había disfrutado del fútbol (Mundial 2006), cuenta que al mes de morir Carlo, murió su marido de improviso, y también se apareció a Antonia en sueños para avisar a Mirella de que su marido se había salvado.

Tenía una relación especial con almas del purgatorio. No dejaba de rezar por ellas. Ofrecía la Santa Misa, el Rosario, novenas y otras obras de piedad en su beneficio. Había hecho suyas las palabras de Pio XII en *Mystici Corporis:* «Misterio verdaderamente tremendo y que jamás se meditará bastante el que la salvación de muchos dependa de las oraciones y voluntarias mortificaciones de los miembros del Cuerpo místico de Jesucristo, dirigidas a este objeto». Santa Teresita de Lisieux dice que «basta un alfiler recogido del suelo con amor para salvar un alma».

Marcado por este sueño con su abuelo y las peticiones de ofrecimiento y penitencia de la Virgen en sus apariciones, se decidió a vivir también con la conciencia de que no solo él, sino todos los hombres, estaban llamados al Cielo. Y él podía unirse a los méritos de nuestro Señor por medio de amorosos ofrecimientos.

Y si era esta su relación con la Iglesia purgante, podemos imaginar con cuánta devoción se relacionaba con la Iglesia triunfante. Los santos fueron amigos íntimos de Carlo: Francisco de Asís, Clara, Pío de Pietrelcina, Francisco y Jacinta Marto, los santos de la Eucaristía...

También era muy devoto de santa Faustina Kowalska. Su niñera Beata le habló por primera vez de ella, santa a la que le fue inspirada la imagen de la Divina Misericordia, ese Cristo glorioso, vestido con túnica en posición de bendecir, de cuyo costado salen dos rayos, dos haz de luz, uno rojo y otro blanco, y a los pies: «Jesús, en ti confío». No sabemos cuántas veces, pero seguramente muchísimas, elevaría su corazón sin nadie saberlo con esas palabras. Otras añadiendo: «Sagrado Corazón de Jesús», pues también era muy devoto de este título del Señor.

Asís, con todo, es especial. Ciudad de la Umbría italiana de aspecto medieval, predilecta de la Providencia, donde hasta las piedras rezan. Esta ciudad fue bendecida con un obispo mártir ya en los primeros siglos, san Rufino, cuya fiesta se celebra el 11 de agosto. Y quiso Dios en su piedad que san Francisco fuera hijo de esta tierra y para siempre se uniera el nombre de este pueblecito al de uno de los santos más grandes de la Iglesia, de manera que nadie conoce a Francisco si no es «de Asís».

Este santo atravesado por la Misericordia divina en el cual quiso el Cielo habitar de manera especial ha dado hijos e hijos a la Iglesia, no solo por los santos franciscanos, sino por todos aquellos grandes santos en cuyas biografías aparece de una u otra manera el «pobre de Asís»: san Antonio de Padua (obviamente), san Ignacio al leer la *Vida de los santos*, sin un san José Caffaso (terciario franciscano) no tendríamos a san Juan Bosco, san Pedro de Alcántara, el Padre Pío... Y como no, la rosa más tierna del rosal y su primera discípula: la fiel hermana Clara.

Merece la pena contar una anécdota casi ridícula de esta última santa. Por cariño hacia ella, Carlo puso de nombre Chiara a su perrita. Propio de los niños. Le daba mucha devoción. Sin embargo, en Asís, cuando Carlo llamaba Chiara al animal, los asisanos lo miraban regular... ¡había puesto a un perro el nombre de la gran santa! Fue el padre, Andrea, quien sugirió que igual podrían llamar Ara a la perra, al menos estando en Asís.

Carlo tenía una relación estrecha con san Francisco. Lo admiraba por su inextinguible amor por su Dios, su bondad con los pobres, su dulzura para con los necesitados, su sencillez y pobreza transformada en riqueza... De san Francisco, un enamorado de la Eucaristía, tenemos este parrafito excelso:

> ¡Tiemble el hombre entero, que se estremezca el mundo entero, y que el cielo exulte, cuando sobre el altar, en las manos del sacerdote, está Cristo, el Hijo del Dios vivo (*Jn* 11, 27)! ¡Oh admirable celsitud y asombrosa condescendencia! ¡Oh humildad sublime! ¡Oh sublimidad humilde, pues el Señor del universo, Dios e Hijo de Dios, de tal manera se humilla, que por nuestra salvación se esconde bajo una pequeña forma de pan! Ved, hermanos, la humildad de Dios y derramad ante él vuestros corazones (*Sal* 61, 9); humillaos también vosotros para que seáis ensalzados por él.

Con todo, Asís volverá a salir cuando lleguemos al 2006 y en adelante.

Al padre Pío tenemos, obligatoriamente, que dedicarle un párrafo. Carlo viajó a San Giovani Rotondo y le rezaba con devoción. Su celo por la Eucaristía, por la conversión... Es curioso como sus vidas estaban unidas de alguna manera. Una tía abuela de Carlo era hija espiritual de este santo sacerdote. Cuando nació Antonia, madre de Carlo, esta tía se encontraba con san Pío y este rezó una bendición por ella y su familia.

No podemos olvidarnos del ángel de la guarda. Decía que era crucial ser muy amigos de nuestro ángel de la guarda para llegar a la santidad. Le rezaba a menudo. Lo tenía como un compañero de viaje.

Y un santo muy particular, que no ocupará un puesto especial en su devocionario, pero que quiso el Señor dar un signo mediante él, es san Alejandro Sauli, nativo milanés, miembro de los Padres Barnabitas (fundados por Antonio María Zaccaría), obispo de Pavía, contemporáneo de san Carlos Borromeo y amigo de san Felipe Neri. ¿Qué tiene que ver con Carlo? En Milán, cada 31 de diciembre se celebra una tradición: la pesca del santo. Ese día es tradición «pescar» un santo con la intención de «hacerse amigo» de él y que, de alguna manera, sea el compañero para ese año. Todos los años le tocaban grandes figuras (la Sagrada Familia, la Virgen...), sin embargo, el 31 de diciembre de 2005, le tocó san Alejandro Sauli, cuya fiesta se celebra el 11 de octubre. El año que comenzaba, 2006, un 11 de octubre, sufría Carlo muerte cerebral. Lo veremos.

Y como no, la Reina de los santos, la madre, la Virgen María. De ella dice que había sido «la única mujer de su vida». Un día, una amiga de Carlo estaba muy triste, no sé bien por qué. Él la abrazó y le dio un beso en la mejilla. Ese ha sido el único beso de su vida. Claro, por supuesto que le gustaban las chicas, pero no veía en ellas un objeto. «Si miras a una mujer deseándola...», así habla Jesús del pecado del hombre contra la mujer (aunque, a la inversa, totalmente válido para las mujeres).

Amor es definido tradicionalmente como «querer el bien del otro», yo prefiero completar: «Y en lo posible procurárselo». Y Cristo añade: «No hay amor más grande que el que da la vida». Los pecados de la sexualidad pueden tener muchas raíces, podemos remontarnos hasta el Génesis, donde fruto del pecado original, la relación armónica entre el hombre y la mujer se corrompe y se habla de «ansia». A fin de cuentas, el pecado de sexualidad no es por una actitud vieja, rancia…, sino que parte precisamente de una admiración y de una misma cualidad del hombre: la capacidad sexual de la persona humana. Ejercer la sexualidad fuera de un fin amoroso, de entrega (por eso su contexto propio es el matrimonio), abierto a la vida, es pecado porque rompe su orden propio y natural.

Qué importante es hablar también de esto y no ocultarlo. Sí, a Carlo le gustaban las chicas, pero no las usaba. También para ellas deseaba el bien, y tenía claro que eso no significaba reducir la sexualidad al puro placer. ¡Cuánto tenemos que pedir a Carlo ese don para tantos jóvenes y no tan jóvenes!

Con esta frase referida a María, nos deja claro quién ocupaba su corazón. Aunque el sacerdocio rondaba la mente de Carlo, ya que en algún momento preguntó a su madre y a su abuela qué les parecería si se hacía sacerdote, me parece arriesgado hacer «vida ficción» de qué habría ocurrido en un futuro. ¿Un santo sacerdote? ¿Un santo matrimonio? ¿Un religioso santo? No sabemos. Y, de hecho, no nos debe preocupar lo más mínimo porque nada de esto estaba previsto por la Divina Providencia. Lo que sabemos es que nunca se aprovechó de una chica, de la sexualidad. Podemos suponer que, como todo adolescente, tuvo tentaciones, pero mantuvo la castidad aferrando su corazón a María.

Hablar de la Virgen es tan fácil y tan difícil como hablar de la belleza, del amor de una madre... Si hablar de la madre propia es emocionante, hablar de la que Dios ha escogido como madre suya y nos ha regalado como madre nuestra... «No se puede ser cristiano sin ser mariano». Carlo lo tiene claro. Desde pequeño tiene esta inclinación a lo espiritual, lo hemos dicho. Tenía sensibilidad. Llevaba flores a la Virgen y no dejó el Rosario desde que Beata se lo enseñó. Su forma de querer y amar a la Virgen era por medio de advocaciones. Tres de ellas son clave: Pompeya, Lourdes y Fátima. Y cómo no, la advocación de Asís: Santa María de los Ángeles.

En Pompeya, población tristemente famosa por el desastre del volcán, encontramos una basílica y un santuario imponente, dedicado a la Virgen del Rosario. En este lugar, el beato Bartolo Longo se decidió por inspiración de la Virgen a propagar la devoción del Rosario por todo el lugar para salvar almas. Carlo estaba convencido de la fuerza del Santo Rosario para salvar almas y vencer al demonio. «Después de la Eucaristía —decía—, el Rosario es el arma más fuerte que tenemos». No pocas gracias, confiesa él mismo, le fueron concedidas en ese santuario.

Lourdes. ¿Qué cristiano que así se haga llamar no conoce este lugar? Lugar donde la maternidad de la Virgen se ha volcado especialmente en los enfermos. También la fuerza del Rosario se nos recuerda en estas apariciones. Fueron allí casi a modo de escapada en un viaje a España cuando Carlo tenía casi 12 años. A Carlo le fascinaba la historia de las apariciones y le llamaba la atención un aspecto de las mismas: a quién. Una niña pobre, analfabeta y de débil salud es la elegida para recibir el testigo de la Virgen María. «Si hubiera alguien que valiera menos que yo, la Virgen la habría elegido a ella», decía santa Bernardita, la vidente de Lourdes.

Y Fátima. Viaje que hicieron en el 2006, año de su fallecimiento. En el viaje, Carlo contó de mil maneras las apariciones y los sucesos que le sobrevinieron a los videntes. Francisco y Jacinta Marto, hermanos, murieron niños y están ya canonizados; sor Lucía, por su parte, fue la elegida por María Santísima para continuar dando testimonio en esta vida y falleció ya anciana.

Durante las apariciones, la Virgen dijo a Francisco que «debía hacer penitencia». Carlo quedaba sobrecogido. Decía a sus padres que «si Francisco que era bueno y santo tenía que hacer penitencia, ¿cómo iba a poder ser santo él, que era tan pecador?».

Hemos hablado de esas oraciones que elevaba Carlo al cielo como dardos de Amor. De Fátima tomará varias: «Jesús, es por tu amor», «Dios mío, yo creo, adoro, espero y os amo y os pido perdón por los que no creen, no adoran, no esperan y no os aman». Y la jaculatoria que añadía al final de cada misterio del Rosario: «Oh Jesús mío, perdona nuestros pecados, líbranos del fuego del infierno, lleva a todas las almas al Cielo, especialmente a las más necesitadas de su divina misericordia».

Y con todo, nos faltaría el gran sacramento de la madurez cristiana. La confirmación. Fue el 24 de mayo de 2003 cuando recibe el sacramento que le otorga la madurez cristiana: la confirmación. Con el sacramento de la confirmación se recibe la plenitud del Espíritu Santo y la Iglesia nos confirma en la fuerza de este mismo Espíritu. No es un sacramento donde «uno confirma su fe», sino en el cual la Iglesia nos confirma a nosotros en la fe (es muy distinto). Se conservan varias fotos de ese día. Un Carlo radiante y muy sonriente, trajeado y con corbata. Carlo confesó a Rajesh que percibió una fuerza increíble el día de la confirmación, experiencia que luego Rajesh cuenta de sí mismo el día de su confirmación.

Este santo en vaqueros es totalmente consciente de que la santidad es un don que viene de lo alto y nuestro esfuerzo no debe estar en alcanzarla por nuestros medios, sino en acogerla. El mandato del Levítico, «sed santos», es necesario leerlo como sigue: «porque yo, el Señor, soy santo». Nuestra santidad es participación del que es todo santidad, el Tres Veces Santo (como le llaman nuestros hermanos mayores, los judíos).

Por ello, Carlo se aferró a Jesús. Escribió un «kit de la santidad» para los niños de catequesis que merece la pena compartir:

1. «Desearlo con todo el corazón y si no lo deseas todavía, pedirlo con insistencia al Señor».

2. «Procurar ir todos los días a la Santa Misa y recibir la Santa Comunión».

3. «Rezar el Santo Rosario cada día».

4. «Leer cada día un pasaje de la Sagrada Escritura».

5. «Si consigues hacer algún momento de Adoración Eucarística delante del Tabernáculo, aumentará prodigiosamente tu nivel de santidad».

6. «Confesar todas las semanas también los pecados veniales».

7. «Realizar a menudo propósitos y florecillas al Señor y a la Señora» [Hemos traducido literalmente *«fioretti»*, que significa 'florecillas'. Se puede entender como pequeñas flores espirituales entregadas al Señor a modo de pequeñas oraciones recitadas durante el día o pequeños sacrificios].

8. «Pide ayuda continuamente a tu Ángel Custodio, que debe convertirse en tu mejor amigo».

La santidad era el gran deseo de Carlo, su «santa obsesión», valga la redundancia. Carlo nos deja el testimonio de una vida santa: amor a Dios sobre todas las cosas y al prójimo como a uno mismo. Creo que es fundamental unir estos dos paralelos. Hemos hablado de ambas dimensiones: el amor vertical a Dios y el amor horizontal al prójimo.

Esta relación con Jesús se articulaba sin grandes aspavientos, sin locuras, sin invenciones. Eucaristía y Rosario eran fundamentales. Una maestra particular contaba que «ay de aquel que tocara la estampita de Jesús que tenía donde estudiaba».

Le gustaba elevar oracioncillas al Cielo durante el día. Una monja le había enseñado una que repetía con especial devoción: «Llagas de Jesús, bocas de amor y de misericordia para nosotros, hablad por nosotros al Padre Celestial y alcanzadnos una íntima transformación».

Una vez confesó a su madre una visión de la Virgen de Fátima que ponía su corazón en el suyo. No sabemos de qué manera se produjo. Seguramente no fuera una aparición al modo de Lourdes, Fátima o Guadalupe. Quizá en sueños, que de vez en cuando tenía alguno muy revelador. Sin embargo, debemos reconocer junto con aquellos que más le conocieron y más íntimos eran que Carlo era muy discreto para su interioridad. Solo en el Cielo sabremos qué sabía exactamente con certeza dentro de las muchas intuiciones que tenía o cómo era realmente su relación con Jesús. Seguramente tenía mociones interiores, certezas espirituales, experiencias sobrenaturales en sueños...

Con todo, no sería bueno reducir o alumbrar en exceso estas experiencias que el Señor concede por pura gracia, precisamente porque la gran enseñanza de Carlo es que la santidad es alcanzable, es posible en la normalidad y la vida ordinaria. Sería injusto tratar a Carlo como un milagrero o un niño subido en una nube...

También en esa vida ordinaria no se acobarda nunca del estandarte de cristiano. «Reconoce, cristiano, tu dignidad», exclama san León Magno. Esa era la gran enseña de Carlo. Por eso, le quemaban las injusticias y un fuerte celo por la verdad. El papa Benedicto XVI (ya como cardenal Ratzinger y en toda su labor como teólogo y pastor) advertía con insistencia del riesgo del relativismo y la disolución de la verdad por consensos.

Por todo ello, Carlo defendía la vida y la dignidad del hombre. Se oponía firmemente al aborto, a la eutanasia y a todo aquello que atentaba contra la naturaleza propia del ser humano... Esto es una llamada muy fuerte a la formación cristiana. Para el cristiano capacitado, formarse es una obligación. Cristo se revela como «Camino, Verdad y Vida». Y mientras seamos capaces, debemos profundizar en esta verdad.

No se trata simplemente de decir verdades «a cascoporro». La línea es muy fina entre aquel que corrige y dice cuándo debe hacerlo y aquellos que resultan hasta desagradables porque no sabes si están anunciando la verdad o usan la verdad para anunciarse a sí mismos. Verdad y caridad se reclaman. No se trata de denunciar a gritos: «La verdad se propone, no se impone», repetía Juan Pablo II. La Palabra de Dios nos advierte en 1 Pedro 3: «[...] glorificad a Cristo el Señor en vuestros corazones, dispuestos siempre para dar explicación a todo el que os pida una razón de vuestra esperanza, pero con delicadeza y con respeto, teniendo buena conciencia [...]».

Y, precisamente después de citar la Escritura, no podemos no hablar de la que él dirá que es la «brújula» de la vida cristiana: la Biblia. La Palabra de Dios era, efectivamente, una brújula, una guía. Leía a menudo la Biblia, escuchaba con atención las homilías y los comentarios. Le gustaban especialmente los Salmos. La Iglesia, de hecho, concede indulgencia por media hora de lectura de la Escritura.

Nunca solo

Una nota. Carlo tenía claro que este camino no se hace en soledad. Las últimas palabras de santa Teresa de Jesús fueron: «Muero hija de Dios e hija de la Iglesia». La fe que profesamos no nos la hemos inventado. Entramos en un río de santidad que nos precede. Este río tiene su cauce, claro, en la Iglesia. En ella encontramos los sacramentos, el depósito de la fe, la presencia del Señor resucitado.

¡Pero en la Iglesia hay pecadores! Sí, y el pecado de los miembros de la Iglesia a la primera a la que hiere es a la Iglesia. La Iglesia, como Cuerpo de Cristo, es santa, es inmaculada. La Iglesia no es una ONG que tiene «sus cosas buenas y sus cosas malas». De ser así, daría igual estar en la Iglesia que en un partido político. Entrar en la Iglesia es entrar en una realidad que nos supera. Por eso, el mejor rostro de la Iglesia son los santos. El mal que encontramos en ella, por espantoso, cruel y despiadado que sea, no es más que una niebla que empaña el verdadero rostro de santidad de la Iglesia. Por eso, todos los hijos de la Iglesia, todos los que nos honramos con el nombre de cristianos, estamos llamados a una continua conversión y purificación, para que nuestra vida sea fiel reflejo del Cuerpo del que somos miembros. Nuestro pecado se convierte así en una especie de división interior con el que nos quedamos como un miembro muerto de ese cuerpo, porque el pecado jamás podrá entrar en el Paraíso, del que la Iglesia en la tierra es anticipo.

Por ello, Carlo, que no era ingenuo, luchaba contra el pecado sin salirse nunca de la comunión preciosa de la Iglesia. Tenía claro que «criticar a la Iglesia es criticarnos a nosotros mismos» y que «Ella es la que nos dispensa los tesoros de la salvación». Carlo se sabía en comunión de fe y amor con la comunidad de los creyentes, de los santos. De ahí su relación con los habitantes del Cielo, de ahí su caridad, de ahí su fe.

Dos sacerdotes fueron testigos especiales de la grandeza de Carlo, su párroco monseñor Gianfranco Poma y el P. Roberto Gazzaniga S. J., capellán del instituto que le vio morir, el León XIII.

Monseñor Poma recuerda la primera vez que lo vio: sentado delante del sagrario. Cuando le preguntó si es que de vez en cuando se quedaba rezando delante de la Eucaristía, él le respondió: «Sí, esto me permite estar ligero». A este sacerdote le confesó que le tocaba mucho la sonrisa de la Virgen que había en el templo, debajo del ambón. Fue a don Gianfranco a quien los padres avisaron justo después de la muerte de Carlo: «Nos ha dejado», le dijeron. El sacerdote, antes que pensar en su muerte, confiesa que dijo para sí: «Madre mía, espero que no se haya escapado de casa».

El P. Roberto Gazzaniga dice:

> Fue un niño muy talentoso, bendecido por la Providencia, que recibió mucho de la vida a través de una hermosa familia y agradeció al Señor por los dones recibidos. Era generoso y magnánimo, con una elegancia y un encanto particulares. También fue muy apreciado y estimado por sus compañeros. A él no le importaba destacar, sino que resaltaba por los dones naturales que tenía y que los demás reconocían en él. No era un chaval ambicioso en absoluto, en un contexto y en una escuela donde la ambición es bastante común.
>
> Además de una gran elegancia innata, una bondad de corazón, tenía un humor muy sano y encantador. Era también muy discreto. Había asumido la carga de algunos compañeros de clase que estaban pasando apuros y estuvo a su lado y los apoyó; este es un gesto que sus compañeros reconocieron. Ayudarse unos a otros no es un «deporte» que practiquen fácilmente, pero Carlo con gran elegancia ayudó a los que tenían más dificultad. Y este es un ejemplo que cautivaba también a los de su clase.

Hizo el bien con una notable discreción y respeto por los demás, sin hacer de ello nunca una ocasión para promocionarse, sino como persona consciente y adulta incluso con sus 15 años, sin que «se le subiera a la cabeza»; también porque Carlo era un ganador, no lo necesitaba. Y nunca abusó de esa fuerza, de ese don, de ese talento.

Y era valiente. No se echaba atrás cuando había discusiones en clase, por ejemplo, en el tema del aborto tenía las ideas claras al respecto y las apoyaba con mucho respeto, no denigraba a nadie, pero era claro y coherente.

8. La blanca orilla

Una vez más, *El Señor de los anillos* nos da una clave de lectura para lo que empieza a ser el final de la vida terrena de nuestro santo. Tercera película. Gandalf y Pippin (uno de los *hobbits*) están viendo cómo comienza la que va a ser una batalla sangrienta y demoledora en la que se prevé una estrepitosa derrota.

Pippin, abrumado, dice a Gandalf:

—Nunca pensé en este final.

Y así sigue la conversación:

—¿Final? No, el viaje no concluye aquí. La muerte es solo otro sendero que recorreremos todos. El velo gris de este mundo se levanta y todo se convierte en plateado cristal. Es entonces, cuando se ve...

—¿Qué, Gandalf? ¿Qué se ve?

—La blanca orilla. Y más allá, la inmensa campiña verde, tendida ante un fugaz amanecer.

—Bueno, eso no está mal.

A lo que Gandalf termina respondiendo con una sonrisa, asintiendo:

—No, no desde luego.

Carlo sabía que la muerte no era más que el sendero que debía recorrer para llegar a la blanca orilla donde se sabía esperado: así lo decía él, «somos esperados desde siempre en el Cielo». La primera película de Carlo Acutis, dirigida y producida por la familia Zavala, toma su título de esta frase (la película se llama *El Cielo no puede esperar*). No solo vivía su vida con esta fe, sino que llegada la hora de beber el cáliz, dio verdaderas pruebas de ello.

Muchos habrán visto un breve vídeo, muy conocido, de Carlo Acutis, porque es el primero que salió de él en el que se podía escuchar su propia voz. Este vídeo lo descubrió su madre después de la muerte de Carlo tras una inspiración interior que le llevo a mirar el ordenador.

Era 2006, entre los meses de agosto y septiembre, cuando grabó este vídeo en Asís. En sí mismas, las palabras son claras, pero a su vez muy enigmáticas. Un joven con aspecto serio y sereno, aunque aparentaba más edad de la que tenía, mira a un lado, retoma la mirada a la cámara y dice en italiano mientras le sale la sonrisa: «*Sono destinato a morirè*» ('Estoy destinado a morir'). Luego da una palmada, sonríe más y corta el vídeo. No sabemos qué sintió, qué sabía exactamente, pero dejó grabado ese particular testamento.

Sin embargo, al ver el vídeo no surge tristeza. En esa mirada que tantas almas cautiva se reconoce «un algo». No mira como mira todo el mundo. Esa sonrisa que eleva una comisura un poco más que la otra. No entristece, conmueve.

Y la realidad es que el sábado 30 de septiembre de 2006 es el último día que va a la escuela. Salió fatigado, pero sin importancia. Fue por la tarde a pasear con sus mascotas (cuatros perros: Briciola, Stellina, Chiara y Poldo). El día siguiente, domingo, la señora Antonia lo cuenta con todo detalle, pues guarda un recuerdo feliz.

Comieron en Venegono, a cincuenta minutos de Milán, fueron a Misa, dieron un paseo por los bosques de allí. Nada hacía imaginar lo que ocurriría días después. Tenía esa pequeña fatiga del día anterior y una manchita roja en el ojo derecho fácilmente atribuible a un golpe de frío o por rascarse el ojo. Fue sin embargo entre esa tarde y esa noche cuando la fiebre alcanzó los 38. Cualquier abuela de nuestro país lo tendría claro: una sopita, dormir, paracetamol y mucha agua.

El lunes dos de octubre tiene la garganta roja y comienza a tomar antibiótico por prescripción médica, pero no dejó de rezar ni de trabajar en casa.

Tenía tareas de clase y quería continuar con el proyecto de los Milagros Eucarísticos. Es verdad que Carlo tendía de vez en cuando a enfermar de la garganta... (¡un santo que sabemos que enfermaba también!).

Ese día, sin embargo, es el día en que pronunció una frase que todos los devotos de Carlo saben de memoria. Estaba cenando y de repente soltó: «Ofrezco mis sufrimientos por el Papa, la Iglesia, por no ir al purgatorio e ir directo al Paraíso». El significado profundo nadie lo entendía en ese momento. Sin embargo, sin saber exactamente qué presentía Carlo, nos da una muestra de su alma. El Papa y la Iglesia. Hemos hablado de la importancia de la Iglesia. El Papa, cabeza visible de la misma, con una función de pastoreo universal. En ese momento estaba en el pontificado Benedicto XVI, que llevaba apenas año y medio (desde el 19 de abril de 2005). Para «no ir al purgatorio e ir al Paraíso». El dolor ofrecido es purificador. En Carlo, todos los enfermos del mundo pueden encontrar un ejemplo de entrega y sentido del dolor.

Continuó con el mismo tratamiento el jueves, que se levantó con las parótidas inflamadas. Y fue el viernes 6 de octubre cuando le toman muestras para hacer un análisis de orina. El pobrecito pasó las noches de fiebre con pesadillas, algo especialmente normal en adolescentes y niños.

Empiezan a preocuparse el sábado 7 de octubre. Por la mañana tienen que ayudarle a ir al baño y tenía sangre en la orina. Por recomendación de su antiguo pediatra, lo llevaron a la Clínica De Marchi. Este hospital se encuentra a solo un kilómetro de la iglesia de San Francisco Sauli...

Tuvieron que ayudar a moverle y ya en el hospital fueron las enfermeras quienes rápidamente le atendieron. Tras las pruebas correspondientes, el diagnóstico estaba claro. El apellido de la leucemia era M3. No sé de medicina, pero la leucemia viene a ser cáncer en la sangre. En concreto, este tipo de leucemia solo da la cara cuando está muy extendido y la enfermedad es ya muy grave.

Intentarían salvarlo, claro, pero el diagnóstico no era bueno en absoluto. Un sereno Carlo dijo cuando le informaron del diagnóstico: «¡El Señor me ha dado una alarma!». En el Cielo le preguntaremos a Carlo qué sabía exactamente de todo esto. O qué sentía. Pero, sin duda, transformó en bendición lo que para tantos enfermos es solamente una agonía desesperada. Esto fue un 8 de octubre, día después de la Virgen del Rosario, también festejado en el Santuario de Pompeya. Dios no da puntada sin hilo...

Pero estaba feliz porque el Señor le había avisado. No dejó de ser consciente nunca de su situación. Sabía lo que tenía y no solo sabía los riesgos, sino que, por las frases de las que somos testigos, nos permite concluir que algo en su interior le decía que le había llegado la hora: «Estoy destinado a morir», «de aquí no salgo vivo», «el Señor me ha dado una alarma», el ofrecimiento de sus sufrimientos...

Fue al entrar al San Gerardo, hospital más especializado en Monza, a 25 kilómetros del De Marchi, cuando dijo a su madre: «Yo de aquí no salgo vivo». Será ahí, el 10 de octubre, lunes, cuando reciba por petición propia la Unción de enfermos y la Santa Eucaristía.

En estos días repetía continuamente: «*Non io, ma Dio*» ('No yo, sino Dios'), o la frase que ya le había sido inspirada de pequeñín: «No el amor propio, sino la gloria de Dios». Sufría mucho por las pruebas y los aparatos que debían ponerle: oxígeno, vías, tubos... Pero a todos esos sufrimientos respondía con un: «Estoy bien, hay gente que sufre mucho más que yo». Estaba alegre porque como repitió esos días: «La tristeza es la mirada a uno mismo, la felicidad es elevar la mirada a Dios».

La noche siempre es dura en el hospital. No quería que despertaran a su familia. Las enfermeras hablan de su sonrisa y alegría. Reconozco mi emoción al escribir estas líneas. Este chavalín tan puro estaba terminando sus días en esta tierra. Podía decir con san Pablo que «completaba en su carne lo que faltaba a la Pasión de Cristo». Lo dice san Pablo en la Carta a los Colosenses. Este santito de apellido Acutis no es el salvador. Nos remite a uno, al único Redentor del género humano. Pero el mismo redentor ha querido que nos pudiéramos asociar a sus sufrimientos.

¡Esta realidad es sublime! Carlo está ofreciendo los últimos alientos de su vida, pero solo tienen sentido a la luz de la Cruz del Señor. Por eso, unidos los sufrimientos a los de Jesús, todos tienen sentido. Convendría tener en cuenta de nuevo el sentido de recoger con amor un alfiler del suelo.

Llegamos al miércoles 11 de octubre de 2006, día de San Alejandro Sauli, víspera de la Virgen del Pilar en España, menos de dos semanas después de ese cansancio al llegar de la escuela... Carlo no ha dejado de sonreír, y entra en coma a causa de una hemorragia cerebral. Este tipo de leucemia es muy propensa a producir hemorragias. Estará en coma unas horas, hasta que a las 17:00 le declaran clínicamente muerto.

Para su familia ya está muerto, pero esperan a que sea el corazón el que se detenga por sí solo, lo que ocurre el 12 de octubre de 2006, jueves, a las 6:45, víspera de la última aparición de Nuestra Señora de Fátima.

Es así como Carlo Acutis, a los 15 años de edad, entrega el alma a Dios.

La familia está en *shock:* «De cada desilusión, nace un sueño nuevo», ya había dicho eso Carlo en una confidencia antes de morir. Ahora había que creérselo. En el hospital dieron permiso para llevarse el cuerpo y lo velaron en casa hasta el día 14. El cuerpo sin vida de Carlo reposaba en su cama. Una riada de gente subió el edificio esos días. Quizá parece una leyenda de esas que se cuentan de los grandes santos en la Edad Media, pero los asistentes aseguran que olía a flores la estancia donde se velaba a Carlo. Yo les doy credibilidad.

Muchos eran los que tenían motivos para entristecerse. El adolescente Carlo Acutis, tan majo él, los había dejado cuando apenas había empezado a vivir. «Consumado en breve, llenó largos años», dice el Libro de la Sabiduría para estos casos... Quizá no nos lo terminamos de creer. Cómo convendría leer ese pasaje bíblico (*Sb* 4) pensando en el joven Acutis:

> El recuerdo de la virtud es inmortal: la reconocen Dios y los hombres. Cuando está presente, la imitan, cuando está ausente, la añoran; y en la eternidad triunfa y se ciñe la corona, vencedora en la lucha por trofeos incorruptibles. El justo, aunque muera prematuramente, tendrá descanso. Una vejez venerable no son los muchos días, ni se mide por el número de años, pues las canas del hombre son la prudencia y la edad avanzada, una vida intachable. Agradó a Dios y Dios lo amó, vivía entre pecadores y Dios se lo llevó. Lo arrebató

para que la maldad no pervirtiera su inteligencia, ni la perfidia sedujera su alma. Pues la fascinación del mal oscurece el bien y el vértigo de la pasión pervierte una mente sin malicia. Maduró en poco tiempo, cumplió muchos años. Como su vida era grata a Dios, se apresuró a sacarlo de la maldad. La gente lo ve y no lo comprende, ni les cabe esto en la cabeza: la gracia y la misericordia son para sus elegidos y la protección para sus devotos. El justo difunto condena a los impíos aún vivos: juventud madura en poco tiempo, afrenta para la longevidad del perverso. La gente ve la muerte del sabio, pero no comprende los designios divinos sobre él, ni por qué lo pone a salvo el Señor.

Subieron a verle personas que sus padres no habían visto nunca. Espero no ser atrevido diciendo que Carlo, como fiel discípulo de tan buen Maestro, «pasó, como él, haciendo el bien». Y eso marca. Muchos lloraron su muerte. Y habrá quien a día de hoy aún no haya recibido la buena noticia de la Resurrección. Para todos nosotros este es un adolescente santo, para algunos, sin embargo, es un amigo, un familiar, una persona querida arrancada brutalmente del país de los vivos. Por mi parte, al igual que muchos, solo puedo dar gracias a distancia por ese día, porque gracias a eso he hecho un nuevo amigo.

El 14 de octubre fue el funeral en la que había sido su parroquia, Santa Maria Segreta (Piazza Nicolò Tommaseo, Milán). Muchos se tuvieron que quedar fuera. En el «podéis ir en paz», las campanas sonaron a en punto. Signo quizá de las campanas del Cielo que se alegraba por la presencia del que habían contemplado desde arriba y que ahora se uniría a las voces que cantan en el Cielo: «Santo, santo, santo es el Señor...».

9. Un joven para la eternidad

Carlo Acutis solía decir que «él siempre sería joven». De aquí hemos tomado el título para esta biografía, que nos evoca el nombre de *Un hombre para la eternidad*, película de 1967 que narra la historia de santo Tomás Moro.

Efectivamente, su muerte parece que ha detenido el tiempo. Cada tres de mayo recordamos el que sería su cumpleaños, pero Carlo ya jamás envejecerá. Siempre será un santo adolescente.

Su cuerpo fue enterrado en Ternengo, Biella, a unos 100 kilómetros de Milán, donde la familia tenía tumba. Sin embargo, querían poder enterrarlo en el lugar donde él tenía su corazón: Asís. No nos interesan los pormenores de los trámites legales, pero es cierto que, como los padres tenían casa allí, pudieron trasladar a Carlo al cementerio de este pueblo de la Umbria italiana.

Enterrado en el suelo, una sencilla foto, la típica que hace de portada de dos libros (el de su madre y el del postulador) y una Piedad de dos o tres palmos en la cabecera de la lápida. Una Piedad que según el testimonio de la madre recogía cómo estaban viviendo los padres estos momentos, entre la fe y la tristeza. La vieron en el comercio fúnebre especialmente económica.

Desde ese feliz 2007, la tierra de Asís, tan bendecida hasta ahora, recibe en su seno a Carlo y este fecunda desde entonces aquella ciudad, mientras descansa junto a san Francisco y santa Clara.

Su fama de santidad prácticamente comienza el día de su funeral. Ya desde ese momento, varias personas devotas le atribuyen milagros de curaciones. A sus padres les felicitan el mismo día del funeral y les cuentan cómo ya hay gente que en esas apenas cuarenta y ocho horas se encomienda a su intercesión. A la parroquia comenzaron a llegar cartas y visitas. El boca a boca hace el resto.

La Causa de canonización se abrió en 2012, el 12 de octubre, seis años justos después de declararlo muerto. El 13 de mayo (día de la Virgen de Fátima), la Congregación para la Causa de los Santos firma el *nihil obstat*. El vídeo de la clausura del proceso diocesano puede verse en YouTube. La clausura ocurrió el 24 de noviembre de 2016 (un día después del cumpleaños de su madre). A principios de julio de 2018 es declarado venerable.

Con toda una comitiva de cientos de personas en procesión, trasladan el cuerpo a la que había sido la catedral de Asís, Santa Maria Maggiore. El traslado fue toda una celebración que duró del viernes 5 de abril al domingo 7 de abril. Comenzó en la basílica inferior de san Francisco, subió hasta la catedral de Asís, san Rufino, y tuvieron lugar una vigilia de oración, Misas y rogativas.

Y, ¿dónde descansa finalmente? San Francisco de Asís había decidido seguir a Cristo con radicalidad, para disgusto de su padre. Se había desposado con la pobreza, y su padre, Pedro Bernardone, hombre rico, le recriminaba haber dilapidado parte de sus riquezas por los pobres y haber deshonrado a la familia. Su litigio se hizo público en todo el pueblo hasta el punto de ir a juicio. El obispo Guido hacía de juez. En cierto momento, Pedro Bernardone le espetó que hasta sus ropas le pertenecían. San Francisco de Asís se desnudó, depositó las ropas a los pies de su padre y gritó para que todo el pueblo lo oyera: «Ahora solo Dios es mi padre». Se había expoliado de todo. En ese lugar, donde antes estaba la catedral, luce ahora el Santuario della Spogliazione, del Expolio, en la Piazza del Vescovado, al lado del Palacio Episcopal. En esta iglesia se recuerda el gesto profético en el que san Francisco se despojó de todo para hacerse todo de Dios.

Pues a ese lugar, en 2019, se trasladó el cuerpo de Carlo Acutis. El cuerpo se expuso hasta el día de hoy, retocado y arreglado con silicona y otras tecnologías. Las declaraciones oficiales del Santuario, la diócesis y la postulación fueron las siguientes:

[...] Se encuentra en un estado muy íntegro, no intacto, pero íntegro. Conserva todos los órganos. [...] Con varias partes todavía en su conexión anatómica, fue tratado con aquellas técnicas de conservación y de integración normalmente practicadas para exponer con dignidad a la veneración de los fieles los cuerpos de los beatos y de los santos. [...] Una operación que fue hecha con arte y amor. Particularmente lograda fue la reconstrucción del rostro con máscara en silicona. Con un específico tratamiento fue posible recuperar la reliquia preciosa del corazón que será usada en el día de la beatificación.

A día de hoy, uno entra en el Santuario por la puerta izquierda mirando la fachada de frente. Se introduce así en la nave lateral, donde se encuentra el tabernáculo. Obligatoriamente hay que pasar primero por Jesús Eucaristía. El cuerpo está en la urna en la nave lateral derecha. Decorado con mosaicos de acontecimientos, hechos y devociones de Carlo, encontramos un *Principito*, un globo aerostático, un Carlo jugando al ordenador... Y ya está decir que la Iglesia tiene un santo cuyo cuerpo está vestido con vaqueros, zapatillas Nike y una sudadera.

10. «Haré más ruido muerto que vivo»

Los santos dejan una gran estela. Algunos, por una especial Providencia divina, son elegidos para remover a mansalva los corazones de la gente. El P. Pío, santo capuchino, dijo esto de sí mismo: «Haré más ruido muerto que vivo». Un amigo decía que el fenómeno de Carlo era imparable y afirmaba con mucha gracia que se podía percibir perfectamente eso del «*sensus fidei*»: «*"Vox populi, vox Dei"*, es decir, 'la voz del pueblo es la voz de Dios'», me decía, mientras se encogía de hombros.

En su misma familia no ha parado. Su madre cuenta que fue Carlo quien en un sueño le predijo que quedaría embarazada. Tenían dificultades para tener hijos. Llegaron a plantearse la adopción. Hoy Carlo tiene dos hermanos mellizos, nacidos en 2010, Michelle y Francesca. Debían nacer, precisamente, el día de la muerte de Carlo, pero, al ser mellizos, los médicos provocaron antes el parto.

En eso consiste la conversión, según Carlo. «Basta pasar de mirar a lo bajo para mirar a lo alto. Es un simple movimiento de los ojos». Recordemos que la santidad consiste en «menos yo y más Dios. Es una cuestión de resta, no tanto de suma».

Pues parece que este adolescente que cautiva corazones hizo este movimiento de ojos. Y al resto nos hace mirar bien. Tanto es así, que Carlo ha ido ganando almas para Dios en el abanico de todas las edades. No es solamente un santo para los jóvenes.

En Asís recuerdan al ya fallecido Paolo Ballestracci, de 85 años. Paolo conoció a Carlo porque lo mencionaron por televisión mientras esperaba que retransmitieran la bendición del Santo Padre desde el balcón de la Plaza San Pedro. Quedó realmente afectado por este chaval y luego buscó información por internet sobre él. Desde ese día, 3 de julio de 2011, Paolo cuenta que nunca se ha separado de él: «Siempre está a mi derecha, detrás de mí». Cuenta que fue Carlo quien le alcanzó una curación milagrosa: le debían amputar una pierna a causa de una complicación por la diabetes y finalmente no fue necesario.

Paolo terminó muriendo en noviembre de 2019 en una residencia en Asís, adonde se trasladó para terminar sus días cerca de Carlo. No en vano, un 20 de mayo de 2014 la madre de Carlo le dijo que Carlo le había elegido como «*nonno adottivo*» ('abuelo adoptivo') y así se le ha conocido hasta hoy. Tiene el honor de figurar ese apelativo en su lápida, frente a la que fue la tumba de Carlo en el cementerio de Asís.

Y en Madrid tenemos reciente la historia de Teresita. Teresita Castillo de Diego falleció a los 10 años de edad el 7 de marzo de 2021 en Madrid. Estaba enferma en el hospital. Su ilusión era ser misionera. Con esa intención ofrecía sus sufrimientos «por los que sufren, por los sacerdotes, por todos los que lo necesitan». En los momentos previos a una operación a comienzos de año se encomendó muy especialmente a Carlo Acutis (que había sido beatificado hacía menos de 4 meses). Mientras su padre le daba ánimos, ella le dijo: «Papá, yo me voy al Cielo. He soñado con Carlo Acutis y me voy al Cielo».

Desde la declaración de venerable, se esperaba la aceptación oficial de un milagro para su beatificación. El milagro para su beatificación ocurrió en Brasil. Un niño con enfermedad congénita (páncreas anular) fue delante de la reliquia de Carlo en 2013 impulsado por su abuelo con una petición: «¡Que deje de vomitar!», porque esta enfermedad provoca muchos vómitos. Desde ese día, dejó de vomitar. Los médicos certificaron su curación.

En febrero de 2020 se aceptó un milagro, haciendo así inminente su beatificación. En junio del

2020 se anunció la fecha de la beatificación, la cual se celebró en la Basílica de San Francisco en Asís, presidida por el cardenal Agostino Vallini. Como reliquia, se presentó su corazón en una urna donde estaba grabado: «*Eucaristia, la mia autostrada per il Cielo*» y «*Cor beati Caroli Acutis*». Esta urna descansa ahora, como hemos dicho, en la catedral de Asís, San Rufino.

Después de la beatificación, hubo un precioso encuentro que incluyó música que recogía la espiritualidad y vida de Carlo y san Francisco. «*Ora che vivo beato nel cielo...*», ahora que vivo beato en el cielo es una frase de la canción italiana *Cosí mi hai voluto* del cantautor Marco Mammoli (compositor en su día del himno de la JMJ Roma 2000, *Emmanuel*). Esta canción está compuesta imaginando a Carlo en el Cielo el día de su beatificación. Da gracias por su vida y asume la responsabilidad que tiene ahora desde el Cielo: «Ahora que vivo beato en el cielo, cuántas oraciones te presento, cuántos dolores y cuántas heridas...».

La Iglesia aceptó el 23 de mayo de 2024 otro milagro que era necesario para la canonización, que se celebrará el 7 de septiembre de 2025, año del Jubileo de la esperanza convocado por el papa Francisco. Valeria es la afortunada. Valeria Valverde, de Costa Rica, estudiaba en Florencia desde 2018. El 2 de julio de 2022 se cae de la bicicleta haciéndose todo un desastre en la cabeza. Se somete a una tremenda operación y las posibilidades de vivir son mínimas. Su madre, Liliana, comenzó a rezar al beato Carlo y el 8 de julio viajó a Asís para pasar toda la jornada frente a su sepulcro rezando con esta intención. Esa misma tarde, recibe la llamada del hospital: Valeria, de repente y sin explicación, había comenzado a respirar por sí misma. Al día siguiente, comenzó a recuperar la movilidad y cierta capacidad del habla. El 18 de julio salió de Cuidados Intensivos y el TAC mostró la desaparición completa de la hemorragia cerebral. Solo fue necesaria una semana de rehabilitación, contra todo pronóstico médico, y el 2 de septiembre, dos meses después del accidente, estaba en Asís de peregrinación junto con su madre para agradecer la gracia obtenida al próximamente santo: Carlo Acutis.

Epílogo

Debo reconocer que no ha sido nada fácil escribir sobre Carlo. Por un lado, tampoco es tanto lo que se puede decir de él. Lo hemos repetido muchas veces: es un tipo normal que murió joven. Por otro, quería exprimir su vida para que nos cautivara y nos empapáramos de él.

La idea de usar un hilo conductor de *El Señor de los anillos* me surgió de casualidad. Siempre me ha impactado la historia. Es como la vida misma, con más épica para que no resulte un tostón, pero como la vida misma. Peligros, oscuridad, amistad, el bien contra el mal, meteduras de pata, actos aparentemente pequeños que cambian el curso de la historia... Me da mucha esperanza pensar que Dios actúa así. El bien es efectivo, pero discreto. El mal, sin embargo, muy estruendoso.

Lo experimento en mi propia vida. Por eso, Carlo aparece como un signo de esperanza. Es la bandera de victoria que el Señor ha clavado en una tierra desolada. Ante un mundo azotado por la guerra, la codicia, el mal, pero también un mundo en el que los corazones sufren por un «querer y no poder», por la debilidad, la falta de sentido... el Señor muestra los prodigios que puede hacer en un adolescente.

El mayor prodigio es el modo en el que ha cautivado a tantas almas, por toda la tierra, de todas las lenguas y culturas, de todas las edades, habiendo vivido como un chaval anónimo en una ciudad italiana.

Mi querido lector, te agradezco que hayas leído estas páginas. Es un honor que me sobrecoge que algunos de los que tomáis en vuestras manos este libro sea quizá la primera vez que os acercáis a esta figura. Solo espero que te haya dejado un dulce sabor de boca y una inquietante quemazón en el corazón.

Espero que, gracias al testimonio de este «pequeño gran hijo de la Iglesia», de este «mediano», «*mezzuomo*», se te haya abierto un horizonte nuevo, un nuevo sentido.

Yo soy el primero harto de caminar hacia una santidad que parece que se me aleja cada vez más, de caer una y otra vez y de no verme perfecto como querría. Y son muchos a los que conozco que quizá se ven agotados en su búsqueda por un sentido a su vida, desesperados de sí mismos y de su historia. Ante esta tentación de la desesperanza, tuya y mía, solo cabe fijar los ojos en el Cielo, donde somos esperados, y hacer entrar en nuestra cabeza y corazón que todo tiene un sentido, que Cristo está vivo, que Dios nos ama con locura, que las heridas pueden ser sanadas, que la muerte no tiene la última palabra y que el mal tiene los días contados (aunque nos parezcan muchos días...).

Es, además, una alegría que este libro vea la luz en medio de un año jubilar y en el contexto de la canonización de Carlo. Solo pido a Dios que estas páginas sean un estímulo que acreciente nuestra esperanza, ya que somos «peregrinos de esperanza» (lema del Año Jubilar). Que ojalá este libro sea un granito de arena para que este año sea realmente un año de júbilo para cada uno de nosotros. De júbilo porque Dios se ha hecho hombre, porque nos ha salvado, redimido y hecho suyos. Que en este año aumente nuestra fe, esperanza y caridad.

Querido lector, espero que nos conozcamos en el Cielo, que para los dos lo espero.

Agradecimientos

«Porque, aunque Tú, Señor, no necesitas nuestra alabanza ni nuestras bendiciones te enriquecen, eres Tú quien inspiras y haces tuya nuestra acción de gracias para que nos sirva de salvación eterna» (Prefacio común IV, *Misal Romano*).

El primer agradecimiento es a Dios, que ha puesto en mi camino un amigo del Cielo como Carlo Acutis. Jamás me imaginé escribiendo una biografía sobre este muchacho.

Un agradecimiento a la editorial Palabra por su confianza y paciencia.

Un agradecimiento especial a los que me han ayudado de una u otra forma a escribir este pequeño libro.

Un agradecimiento especial a todos los devotos de Carlo con los que comparto vida y que tanto me estimulan. Especialmente, un agradecimiento a mi querida familia Zavala, empeñados por amor de

Dios a dar a conocer a este santo de nuestros días y con los que me une una tan grata amistad.

Muy agradecido también a todos mis amigos de Asís y a los frailes capuchinos custodios del Santuario della Spogliazione (Santa Maria Maggiore), que cuidan con fervor y devoción el cuerpo de Carlo.

Y un agradecimiento a Carlo Acutis, que con su intercesión y amistad desde el Cielo no deja de acompañarme en este camino a la santidad.

Fuentes

Gori, N. (2010). *Eucaristia. La mia autostrada per il Cielo. Biografia di Carlo Acutis.*

Gori, N. (2013). *Carlo Acutis. Un giovane per i giovani.*

Gori, N. (2020). *Carlo Acutis. Un genio de la informática en el Cielo.*

Gori, N. (2021). *Dall'informatica al Cielo.*

Salzano, A., & Acutis, A. (2023). *Trasmettere la fede alla scuola di nostro figlio Carlo.*

Salzano, A., & Rodari, P. (2021). *Il segreto di mio figlio. Perché Carlo Acutis è considerato un santo.*

Zavala, B., & Zavala, I. (2023). *El cielo no puede esperar. El libro de la película sobre Carlo Acutis.*

Zavala, J. (2023). *El cielo no puede esperar* [Documental]. European Dreams Factory.